IGNATIUS VON LOYOLA

Der Bericht des Pilgers

W0077425

IGNATIUS VON LOYOLA

Der Bericht des Pilgers

ÜBERSETZT UND ERLÄUTERT VON
BURKHART SCHNEIDER

MIT EINEM VORWORT VON
KARL RAHNER

HERDER
FREIBURG · BASEL · WIEN

Fünfte Auflage

Alle Rechte vorbehalten – Printed in Germany
© Verlag Herder Freiburg im Breisgau 1977
Imprimatur. – Freiburg im Breisgau, den 21. Januar 1977
Der Generalvikar: Dr. Schlund
Herstellung: Freiburger Graphische Betriebe 1986
ISBN 3-451-13403-9

VORWORT

Ignatius von Loyola gehört zu den großen geschichtlichen Figuren in der Welt und in der Kirche. Seine Wirkungsgeschichte ist gewiß noch nicht zu Ende, zumal sie sich ja nicht nur durch seinen von ihm gestifteten Orden vollzieht. Ihn besser und in Begegnung mit unserer eigenen geschichtlichen Situation heute zu verstehen und zu würdigen ist darum kein müßiges Geschäft. Neben seinem Exerzitienbuch, den Resten seines geistlichen Tagebuches, seinem großen Briefnachlaß und den von ihm verfaßten Satzungen seines Ordens ist für die Kenntnisnahme seiner Persönlichkeit der hier vorliegende „Bericht des Pilgers" eine unersetzliche Quelle. Es handelt sich dabei nicht nur um die Seelengeschichte eines Heiligen. Das auch und vor allem, auch wenn schon dieser Bericht dem Leser die Anstrengung nicht ersparen kann, diese Geschichte, um sie wirklich zu verstehen, in seine eigenen Verstehenshorizonte zu transponieren.

Aber der Leser wird auch vielleicht mit Erstaunen vieles andere erfahren: Der Mann von nüchterner Rationalität im Dienst der „hierarchischen" Kirche, der Stratege amtlichen Apostolats war ein Mystiker, für den die Erfahrung Gottes in Unmittelbarkeit nochmals allen rationalen Kalkül und allen Dienst in den kirchlichen Institutionalismen übergriff, bestimmte und befreite und doch auch selbst wieder gegenüber dem auch dagegen nochmals größeren Gott unter einem letzten Vorbehalt blieb. Ignatius, der Mystiker, hielt ein langes philosophisches und theologisches Studium nicht für überflüssig. Aus mystischer Inspiration heraus wollte er in einer fast fanatischen Entschlossenheit ein radikal Armer sein in engem Kontakt mit den sozial Deklassierten. Er wollte Kontakt und Frieden mit dem kirchlichen Amt nie aufgeben. Aber er erkannte sich doch eine Sendung zu, die er schon als Laie an der Basis der Kirche zu erfüllen suchte und deretwegen er konkrete Konflikte mit kirchlichen Amtsträgern gelassen riskierte und geschickt durchfocht; er hatte den Mut, einen kirchenamtlich (1540) approbierten Orden zu stiften, aber dieser Orden war für ihn die Konsequenz (die ihm gar nicht von vornherein klar war) einer freien Gemeinschaft geistlicher Art von unten her, die gebildet wurde durch von ihm selbst entdeckte Gefährten, denen er seine mystische Erfahrung zu vermitteln suchte.

Ignatius war ein Christ, der in einer unbefangenen Naivität die Praxen der mittelalterlichen Frömmigkeit weitertrug, und war doch ein Mensch *der* Neuzeit, die auch noch morgen sein wird, in der die Einsamkeit des Menschen letztlich nur in dem Schweigen Gottes durch den Anteil am Geschick des Gekreuzigten geborgen ist und von daher auch die Kirche angenommen und geliebt wird. – Aber der Leser muß selbst sehen, was ihm dieser Bericht zu sagen vermag, wenn er ihn mit innerer Anteilnahme liest[1].

München, Januar 1977   *Karl Rahner S. J.*

[1] Das hier vorliegende Buch ist die 3. Auflage der Übersetzung des „Berichtes des Pilgers" von Ignatius von Loyola, die Burkhart Schneider († 1976) in 1. Auflage 1956 und in 2. Auflage 1963 veröffentlicht hatte. Die Übersetzung beruht auf der kritischen Ausgabe des „Berichtes", die erst 1943 in den „Monumenta Historica Societatis Jesu" erschien, und überholt darum alle früheren Übersetzungen durch die Genauigkeit der Übersetzung und durch einen eingehenden historischen Kommentar.

INHALT

EINLEITUNG

An Büchern und Beiträgen über den heiligen Ignatius von Loyola fehlt es auch im deutschen Sprachraum wirklich nicht. Vom historischen Roman über das erbaulich gehaltene Heiligenleben bis zur streng wissenschaftlichen Untersuchung finden sich so ziemlich alle Arten biographischer Bemühung. Das Interesse an der persönlichen Gestalt des Mannes, der ein Heiliger in der katholischen Kirche wurde, und die Anerkennung seiner Lebensleistung, die ihn zu einem wahrhaft Großen in der Geschichte werden ließ, sind dabei in gleicher Weise wirksam. Seine auch historisch unumstrittene Bedeutung ist nicht zu verstehen ohne ständigen Rückblick auf das ernste Streben, mit dem Ignatius seine ganzen Kräfte und Fähigkeiten auf das Ideal der christlichen Vollkommenheit richtete. Und die von ihm gelebte Heiligkeit zeigt sich eben in der dauernden Bereitschaft zu dem immer größeren Dienst für Gott den Herrn und Seine Kirche, und gerade dadurch hat er in die gesamte Geschichte seiner Zeit und der nachfolgenden Jahrhunderte bis in unsere Tage so bedeutsam eingewirkt. In diesem gegenseitigen Sichdurchdringen von persönlicher Heiligkeit und historischer Größe ist der eigentliche Grund zu sehen, weshalb man sich so sehr mit Ignatius beschäftigt und warum seine Gestalt jeweils zu einer Stellungnahme zwingt, die von

1

leidenschaftlicher Ablehnung bis zu uneingeschränkter Bewunderung geht.

Neben allen historischen und literarischen Versuchen, das Leben des Ignatius darzustellen, behält sein schriftlicher Nachlaß, soweit er auf uns gekommen ist, einen eigenen Wert. Mag auch dessen Umfang eine nachträgliche Aufarbeitung notwendig machen, wobei zahlreiche anderweitige Quellenberichte zur Ergänzung unseres Wissens um Ignatius heranzuziehen sind, so können doch solche Biographien, auch wenn sie noch so gut gelungen sind, das persönliche und ursprüngliche Wort des Heiligen nie ganz ersetzen. Denn hier ist ein Zugang gegeben, der uns unmittelbar an seine Gestalt heranführt und sie uns über die Distanz der Jahrhunderte hinweg geradezu greifbar werden läßt. Die wichtigsten Teile dessen, was uns als solches Eigengut des Ignatius noch erhalten ist, liegen bereits in deutscher Übertragung vor. Eine Auswahl aus den zwölf umfangreichen Bänden, in denen seine aufbewahrt gebliebene Korrespondenz gesammelt ist, bietet die für die geistliche Lehre des Heiligen bedeutsamsten Stücke[1]. Außerdem erscheint demnächst der gesamte Briefwechsel, den Ignatius mit Frauen seiner Zeit geführt hat und der sein Bild in einem bisher kaum beachteten Zusammenhang deutlicher werden läßt[2]. Als in sich geschlossene Werke sind das Buch der Geistlichen Übungen sowie die Konstitutionen, das Gesetzbuch des von Ignatius gegründeten Jesuitenordens, zu nennen. Jenes wurde mehrfach in deutscher Übersetzung heraus-

---

[1] *Ignatius von Loyola. Geistliche Briefe*, eingeführt von H. R a h n e r, Einsiedeln ³1956.
[2] Herausgegeben von H. R a h n e r S. J., *Ignatius, Briefwechsel mit Frauen*, Freiburg i. Br. 1956.

gegeben[1], während die Konstitutionen wenigstens in einer Auswahl der wichtigsten Stellen dem deutschsprachigen Leser zugänglich gemacht wurden[2].

In diese Reihe der ignatianischen Originaltexte, die sein persönliches Wort und seine ureigensten Gedanken enthalten und die zugleich zu einem besseren Verständnis ihres Verfassers führen können, gehört auch der hier in einer neuen deutschen Übertragung vorgelegte B e r i c h t d e s P i l g e r s , den Ignatius in seinen letzten Lebensjahren auf das wiederholte Drängen seiner engsten Mitarbeiter hin gab. Dieser Bericht ist gleichsam ein Stück einer nicht weiter ausgeführten Selbstbiographie des Heiligen und umfaßt jene Zeitspanne von nicht ganz zwei Jahrzehnten, die den äußerlich und innerlich bewegtesten Abschnitt seines Lebens bilden. Ignatius beginnt seine Erzählung mit dem Pfingstmontag 1521, an dem er als gerade dreißigjähriger Offizier im Dienst des Königs von Spanien bei der Verteidigung von Pamplona schwer verwundet wurde, und läßt den Bericht mit einem kurzen Hinweis auf die Anfänge seines Ordens in Rom, also etwa mit dem Jahre 1538, ausklingen.

Das, was diesem Lebensabschnitt vorauslag, wird zum Eingang des Berichtes nur ganz flüchtig und in allgemein gehaltenen Ausdrücken gestreift. Diese allzu knappen Angaben bedürfen einer kurzen biographischen Ergänzung, um den in dem Bericht behandelten

---

[1] So von H. U. v. B a l t h a s a r , Einsiedeln [3]1956; ferner von A. H a a s (mit Erklärungen zu den einzelnen Anweisungen und einem Vorwort von K. R a h n e r), Freiburg i. Br. [2]1976.
[2] *Satzungen der Gesellschaft Jesu,* übersetzt von P. K n a u e r (als Manuskript gedruckt, Frankfurt a. M., 2. überarbeitete Auflage 1975).

Zeitraum in den Zusammenhang des Lebensganzen einordnen zu können. Inigo López de Loyola — dies war sein eigentlicher Name, erst viel später in Paris nannte er sich auch Ignatius, wohl aus dem Grund, da der in Spanien so geläufige Name Inigo (lateinisch Ennecus) im Ausland ziemlich unbekannt war — wurde 1491 als letzter Sohn einer altadeligen baskischen Familie auf dem Herrensitz Loyola bei Azpeitia in der Baskenprovinz Guipúzcoa geboren. Die Eltern bestimmten den Nachgeborenen entsprechend der königstreuen Tradition der Familie für den Dienst am spanischen Hofe, ließen ihm aber doch für alle Fälle die Tonsur geben und ihn damit in den Klerikerstand aufnehmen, um ihm auch noch den Zugang zu den einträglichen Kirchenpfründen offenzuhalten.

Unter den Katholischen Majestäten, König Ferdinand von Aragón und Königin Isabella von Kastilien, deren Vermählung das Land zur staatlichen Einheit führen sollte, hatte die Blütezeit Spaniens begonnen. Die letzten Reste der maurischen Fremdherrschaft waren 1492 mit der Eroberung von Granada beseitigt worden. Fast gleichzeitig hatten die Entdeckungsfahrten des Kolumbus eine neue Welt und damit ungeahnte Möglichkeiten erschlossen. Im Abendland war Spanien zu einer Großmacht geworden, die für die europäische Politik ausschlaggebend wurde. Der Beginn des 16. Jahrhunderts war so äußerst verheißungsvoll. Gerade in diesen Jahren kam der nunmehr vierzehnjährige Inigo aus seiner baskischen Heimat in die große Welt. Die erste höfische Formung erhielt er als Page bei dem kastilischen Großschatzmeister Juan Velázquez de Cuéllar, in dessen Gefolge er öfters an den Hof König Ferdinands und dessen zweiter Gemahlin Germaine de Foix kam.

Es wurde ein Jahrzehnt äußerlich glänzenden, aber doch recht oberflächlichen Lebens, in dem bald Waffenspiel und Romanlektüre neben dem unvermeidlichen Minnedienst die wichtigste Rolle ausmachten. Daß dabei der lebenslustige und elegante Junker noch Zeit zu einigen frommen Gedichten an die Jungfrau Maria und an den schwerttragenden Apostel Petrus fand, mag ein Zeichen einer selbstverständlichen und unangefochtenen Gläubigkeit des damaligen Spaniens sein; aber solche Frömmigkeit bedeutete für Inigos persönliche Lebensführung nicht eben viel.

Wohl zum erstenmal spürte er am eigenen Leib den Ernst des Lebens, als er 1515 mit einem seiner älteren Brüder bei einem Aufenthalt in der Heimat vor Gericht gestellt wurde. In dem nur lückenhaft erhaltenen Protokoll des Prozesses ist die Rede von schweren und offenkundigen Vergehen, deren die beiden Brüder angeklagt wurden, ohne daß diese jedoch näher bezeichnet werden. Inigo verstand, sich unter Berufung auf die einmal empfangene Tonsur dem weltlichen Gericht zu entziehen und den Prozeß an den zuständigen Bischof von Pamplona überweisen zu lassen. Dort hatte sein Dienstherr, der Großschatzmeister, genug Einfluß, so daß die ganze Angelegenheit niedergeschlagen wurde. Kaum ein Jahr später wurden Inigos Lebenspläne erneut und diesmal empfindlicher durchkreuzt. Mit dem Tod König Ferdinands 1516 verlor der Großschatzmeister an Einfluß und schließlich überhaupt seine Stellung. Inigo erlebte so unmittelbar das Unbeständige der Fürstengunst. Doch hatte diese Erfahrung keine andere Wirkung, als daß er sich ein neues Feld für seine ehrgeizigen Pläne suchte. Ab 1517 steht nun Inigo als Offizier im Dienste des Herzogs von

Nájera, Antonio Manrique de Laras, der eben um diese Zeit auch zum Vizekönig des von Spanien annektierten Reiches Navarra ernannt worden war. Die Zeit höfischen Spiels und bloßer Tändelei war vorbei. Zwar wurde Anfang 1518 nochmals ein glanzvolles Fest gefeiert: König Karl war von Flandern gekommen und zog in Valladolid ein, wo ihm die Stände Kastiliens zu huldigen hatten. Im Gefolge des Herzogs von Nájera, eines der sieben kastilischen Granden, war auch Inigo dabei. Bald aber begannen die innerspanischen Unruhen, hervorgerufen durch nationalistische Spannungen gegen die im Gefolge des jungen Königs nach Spanien gekommenen Ausländer und durch sozialistische Tendenzen gegen die Feudalherrschaft der Granden. Es gelang, dieses sogenannten Comuneros-Aufstandes noch einmal Herr zu werden, obwohl das eigentliche Anliegen, das Drängen nach dem modernen, nicht mehr feudalen Nationalstaat, bestehenblieb. Inigo hatte in der entscheidenden Phase dieser Revolution einen besonderen Anteil an der erfolgreichen Niederwerfung. Er war im September 1520 bei der Rückeroberung der von den Aufständischen besetzten Stadt Nájera dabei, die nach Kriegsrecht geplündert wurde. Es wäre ihm zwar dabei ein guter Teil der Beute zugestanden, jedoch „schien es seinem großen und ritterlichen Sinn unwürdig, und er nahm nicht das geringste für sich", wie ein zeitgenössischer Bericht sagt. Wenig später war er es, der seine baskische Heimatprovinz Guipúzcoa Anfang 1521 zum geschlossenen Eintreten für König Karl bewog und sie vom Anschluß an die Aufständischen fernhalten konnte. Ein getreuer Mitarbeiter des Ignatius in seiner römischen Zeit nannte den Inigo dieser Jahre „einfallsreich

*und klug in den Händeln der Welt und geschickt in der
Menschenbehandlung, besonders wenn es galt, Streit
und Zwist beizulegen". Wenige Monate nach den innerspanischen Kämpfen folgte der eigentliche Krieg mit
dem auswärtigen Feind, mit Frankreich. Eben hier, in
den Stunden höchster Spannung, beginnt der Bericht
des Pilgers. Die Kanonenkugel, die sein Bein traf,
setzte nicht bloß seiner militärischen Karriere ein jähes
Ende, sondern wurde zu einer einschneidenden Wende
seines Lebens. Aus dem Offizier Inigo wird der heilige
Ignatius, statt der Ehren im Dienst des spanischen
Königs wird es ihm nur mehr um die Ehre und den
Dienst des himmlischen Königs gehen, an Stelle Spaniens tut sich ihm die ganze Erde als Feld der Arbeit
auf.*

*Der Bericht, den Ignatius über den nun folgenden Ab-
schnitt seines Lebens gab, war gedacht als Antwort auf
die ihm von seinen Gefährten oft vorgelegte Frage:
wie Gott ihn denn seit dem Tage seiner Bekehrung
geführt habe. Daß es ein weiter und durchaus nicht
immer gerade verlaufender Weg war, ließ sich schon
allein aus der Länge der Zeit erkennen, die von dem
Tage der Verwundung an bis zur endgültigen Klarheit
über das von ihm zu Tuende und bis zu dessen Durchführung verging. Der eigentliche Inhalt dieser Jahre
war jedoch nur Ignatius selbst bekannt. Gewiß hatten
seine ersten Gefährten, die er auf Dauer gewonnen
hatte, in den Jahren ihres Zusammenseins nicht wenige
Einzelheiten erfahren; einer von ihnen, Diego Laynez,
hielt in einem umfangreichen Brief vom Juni 1547 sein
Wissen um die frühere Lebensgeschichte des Ignatius
fest. Doch konnte dieser Versuch einer Biographie die
persönliche und zusammenhängende Schilderung nicht*

ersetzen. *Wenn nun seine Söhne ihn um einen Bericht über jene Jahre baten, so war das weder Neugierde für das religionspsychologisch so interessante Phänomen seiner Bekehrung und seines sich daran anschließenden Suchens nach dem, was Gottes Wille aus seinem Leben machen wollte, noch darf man darin einen eigentlich historischen Sinn sehen, der im Hinblick auf eine spätere Biographie eine sonst unersetzliche Geschichtsquelle für diesen Lebensabschnitt sicherzustellen beabsichtigt hätte. Der Ignatius vorgetragene Wunsch verrät in keiner Weise eine solche wissenschaftliche Zielsetzung, sosehr ihn auch rückschauend Religionspsychologie und Historie begrüßen mögen. Vielmehr ist er geleitet von einem tieferen und ganz persönlichen Interesse für jeden Einzelzug im Bild des Vaters, wie die ersten Gefährten Ignatius einfach zu nennen pflegten. In seinem jungen Orden war man — durchaus zu Recht — davon überzeugt, daß die Gemeinschaft sich auf jenen vergangenen und so wenig bekannten Jahren ihres Ordensgründers aufbaute und daß die scheinbar so ausschließlich individuell-persönliche Entwicklungs- und Reifezeit, die den Inhalt jener Jahre bildete, zugleich auch die Vorgeschichte des Ordens selbst mit einschloß. Die Frage an Ignatius, auf welchen Wegen ihn Gott seit dem Tag seiner Bekehrung geführt habe, war also für seine Gemeinschaft die Frage nach dem Werden ihrer selbst und nach den letzten Gründen ihrer Idee. Das Wissen um den inneren Zusammenhang und nicht so sehr das biographische Interesse eines Historikers wurde der Anlaß, der zur Niederschrift dieses Berichtes führte. Deshalb würde auch eine bloß historische Analyse und Bewertung dem Dokument nicht gerecht werden. Der Text ist vielmehr als das zu lesen, als was er gedacht war: als ein Vermächtnis, das ein Vater seinen Söhnen übergibt, um ihnen im Bericht über sein persönliches Erleben jene Idee zu zeigen, die in ihrem eigenen Leben wirksam sein muß, wenn sie mit Recht seine Söhne heißen wollen.*

Der Bericht schließt etwa mit dem Jahr 1538. Es sind zwar gegen Ende noch einige Einzelheiten angefügt, die in die folgende Zeit fallen. Doch gehören diese nur stichwortartig gebrachten Hinweise nicht mehr in den eigentlichen Zusammenhang der Erzählung. Es ist auffallend, daß Ignatius in seinem Bericht die Zeit der eigentlichen Ordensgründung und die Anfänge seiner endgültig konstituierten Gemeinschaft einfachhin übergeht. Tatsächlich ist doch gerade dieser letzte Lebensabschnitt, der Ignatius als Ordensgeneral in Rom sieht, die Zeit seiner intensivsten Tätigkeit, die ihren Niederschlag in den Tausenden von Briefen und Weisungen jener Jahre gefunden hat. Diese Tätigkeit, durch die Ignatius die Grundidee seines eigenen Lebens in die bleibende Form einer ihn selbst überdauernden Gemeinschaft einzuprägen bemüht war, läßt erst eigentlich so recht alle Anlagen und Fähigkeiten in ihm erkennen. Dabei ist es nicht so, als ob Ignatius in diesen Jahren als Ordensgeneral nur mehr die äußere Durchführung eines bis ins einzelne bereits abgeschlossenen Planes zu betreiben gehabt hätte. Vielmehr mußte er auch jetzt noch vielfach suchend tasten, um die endgültige Gestalt seines Werkes zu finden. Die Mühen eines ganzen Jahrzehnts um die Grundlinien der Konstitutionen, die man gleichsam das Skelett seines Ordens nennen kann, sind ein deutliches Beispiel dafür. Von diesem Gesichtspunkt aus hätten also diese späteren Jahre noch mannigfache und aufschlußreiche

Beiträge zu einer Weiterführung des Berichtes geben können. Indessen verstand Ignatius die ihm gestellte Frage nach den inneren Wegen seines Lebens zunächst als Frage nach seiner persönlichen und ureigenen Entwicklung. Er wollte deshalb keine eigentliche Frühgeschichte seines Ordens geben, deren Hauptzüge ja ohnehin seinen Mitarbeitern und Söhnen bekannt waren. Nun ist aber gerade das Auffallende dieser letzten Lebensperiode, die mit der endgültigen Konsolidierung seiner Gemeinschaft durch ihre Umwandlung in einen eigentlichen Orden einsetzt, daß die Persönlichkeit des Gründers immer mehr durch das Werk verdeckt wird und schließlich in ihm ganz aufgeht. Deshalb war im Zusammenhang des ganz persönlich gehaltenen Berichtes nichts über diesen Zeitabschnitt anzufügen, denn die Lebensgeschichte dieser Jahre wäre im Grunde nichts anderes als die Anfangsgeschichte des Ordens geworden. Diese Feststellung dürfte wohl nicht bloß die Folge davon sein, daß die so zahlreich erhaltenen Quellen dieser Jahre sich fast ausschließlich auf das Werk, auf die innere Festigung und den äußeren Aufbau des Ordens beziehen. Es scheint wohl zu wenig, wollte man diese Einseitigkeit des Quellenbefundes bloß darauf zurückführen, daß eben nur die Sorge um das Werk einen schriftlich erhaltenen Niederschlag gefunden hätte. Vielmehr ist doch anzunehmen, daß gerade diese Einseitigkeit der Quellenberichte, die nur mehr die Arbeit und die Sorge für das Werk betonen, ein Ausdruck dafür ist, daß Ignatius als Ordensgeneral im Verzicht auf das eigene Selbst bloß noch der Verwirklichung seiner Idee lebte. Mit der Ankunft in Rom und der Bestätigung seiner Ordensgründung hatte er nicht nur die ver-

schiedenen äußeren Stationen seines Lebensweges hinter sich gebracht, sondern er war selbst im Werden und Wachsen seiner Persönlichkeit in einem wahren Sinn bereits am Ziel. Der folgende Lebensabschnitt brachte in dieser Hinsicht nichts wesentlich Neues mehr. Und deshalb war es durchaus berechtigt, wenn Ignatius in seinem Bericht diese letzte Lebensperiode kaum mehr andeutete.

Eine Beschränkung in doppelter Hinsicht kennzeichnet also den vorliegenden Bericht. Einmal umfaßt der zeitliche Rahmen nur die vorbereitenden Jahre von der Verwundung in Pamplona bis zur eigentlichen Gründung der Ordensgemeinschaft. Außerdem wird die Darstellung des behandelten Lebensabschnitts auch inhaltlich abgegrenzt. Es ging Ignatius nicht um eine lückenlose Biographie dieser Jahre, sondern seine persönlichen Mitteilungen sind nur gedacht als Antwort auf die ihm vorgelegte Frage, wie Gott ihn geführt habe. Das ist das Grundthema des Berichtes. Er will also, soweit das menschliche Wort überhaupt und die Eigenart des Berichtenden im besonderen dies vermögen, jenen in seiner Art einmaligen Dialog darstellen, der sich zwischen Gott und dem von ihm gerufenen Menschen Inigo entfaltet hatte. Was Ignatius an historischen Begebenheiten und Erlebnissen in seinen Bericht aufnimmt, dient eigentlich nur zur Illustration dafür, wie Gott in sein Leben eingebrochen ist und was Er aus ihm gemacht hat. Es ist also, mit anderen Worten, die Darstellung des Weges, auf dem der Mensch Inigo zum heiligen Ignatius geworden ist. Damit ist der Bericht ein ganz persönliches Dokument des Heiligen, der über dem historischen Untergrund seines Lebens und durch ihn hindurch das Wirken der

Gnade und sein eigenes Mitwirken darstellen will. Dies bedeutet jedoch für die Lektüre, daß man darin nicht bloß den Gegenstand eines historischen Studiums sehen darf, sondern daß man den Bericht vor allem als Mitteilung über die dem Heiligen zuteil gewordene Gnadenführung betrachten muß. Hier ist also jener geheimnisvolle Übergang, wo Geschichte zum Heilsgeschehen wird und wo dieses sich in der Geschichte sehen läßt, ohne jedoch ganz darin eingefangen werden zu können.

*

Die vorliegende Ausgabe trägt den Titel B e r i c h t d e s P i l g e r s und den Namen des heiligen Ignatius als dessen Verfasser; in der Übersicht über seinen Inhalt haben wir bisher beides, Überschrift wie Autor, ohne weitere Erklärung einfachhin übernommen. Jedoch macht der Text des Berichtes, so wie er uns vorliegt, dazu noch eine Erläuterung und Begründung notwendig. Denn einmal war diesen Aufzeichnungen in ihrer ursprünglichen Fassung, die teils in spanischer, teils in italienischer Sprache geschrieben ist, kein eigener Titel gegeben. Pater Nadal, der vertraute Mitarbeiter des Ignatius, auf dessen Drängen vor allem sich dieser endlich zu einem zusammenhängenden Bericht bewegen ließ, nannte die Niederschrift in seinem etwa zehn Jahre später dazu verfaßten Vorwort einfach „Geschichte des Vaters Ignatius". Da der Text selbst bald danach fast ganz in Vergessenheit geriet und, abgesehen von einer Wiedergabe der lateinischen Übersetzung in den A c t a S a n c t o r u m, während der folgenden drei Jahrhunderte nicht im Druck erschien, hat man erst in den letzten Jahrzehnten ver-

*sucht, für dieses äußerlich so bescheidene und inhalt-
lich doch so gewichtige Werk eine treffende Überschrift
zu finden.*

*Im deutschen Sprachraum wurden bisher drei Vor-
schläge dafür gemacht. Daß unsere Neuausgabe
keinem von ihnen folgt, ist durch sachliche Gründe
bedingt, die die bisherigen Versuche als nicht ganz gelungen erscheinen lassen. Schließlich ist die Wahl eines
Titels nicht eine bloß nebensächliche Frage oder ein
Streit um ein Wort. Denn der Leser hat ein Recht
darauf, nicht irregeführt zu werden, und anderseits
darf auch Ignatius als dem Autor des ursprünglichen
Berichtes nicht eine literarische Form zugeschrieben
werden, die er nicht anstreben wollte und wohl auch
gar nicht konnte. Die moderne Forschung ist sich ja
gerade darin einig, daß der Heilige, der zeit seines
Lebens nicht einmal ein reines Spanisch schreiben
konnte und viele Eigenheiten seiner baskischen Mutter-
sprache behielt, alles andere denn ein Schriftsteller
war. Er war und blieb in seiner Ausdrucksmöglichkeit
gehemmt, seine Diktion verrät sich durch stereotype
Formeln und durch sprachliche Unbeholfenheit. Diese
Eigenart des Verfassers muß man wohl berücksichtigen, wenn nun nachträglich für sein Werk ein passen-
der Titel zu suchen ist.*

*Heinrich B o e h m e r, dem die erste deutsche Ausgabe
1902 zu danken war, wählte, offensichtlich in An-
lehnung an die Augustinischen Confessiones, den Titel
„Bekenntnisse", der jedoch durch die zwar allgemein
übernommene, aber tatsächlich irreführende Übersetzung des Mustertitels Confessiones vorbelastet ist
und dann auch Erwartungen im Leser weckt, die dieses
Büchlein gar nicht erfüllen kann und will. Schon ein*

einziger Satz genügt, um seinen ganz anderen und von Augustinus grundverschiedenen Charakter deutlich zu machen. Hier ist keine Reflexion zu finden, es geht um möglichste Nüchternheit und Sachtreue, in der über das Leben berichtet wird. Zwei weitere deutsche Ausgaben, von Ph. F u n k 1913 und A. F e d e r 1921 bearbeitet, tragen den Titel „Erinnerungen" (bzw. „Lebenserinnerungen"). Diese Überschrift scheint uns aber dem eigentlichen Inhalt nicht zu entsprechen, der unter einem ganz bestimmten und engbegrenzten Thema steht. Pater Nadal hat an zwei Stellen seines Vorworts diesem Thema, das zugleich zum Auswahlprinzip der zu berichtenden Ereignisse wurde, jene bereits mehrfach erwähnte Formulierung gegeben, wie Gott Ignatius seit dessen Bekehrung geführt habe. Die thematische Zielsetzung brachte notwendig eine inhaltliche Beschränkung mit sich, die im Gegensatz zur reichen Vielfalt und oftmals unverbindlichen Komposition von eigentlichen Memoiren steht. Schließlich nennt ein dritter und heute besonders von den modernsten spanischen Ausgaben übernommener Versuch das Buch einfach eine „Selbstbiographie". Diese Überschrift wurde im deutschen Sprachraum bereits 1905 von dem Wiener Historiker J. Š u s t a in seiner quellenkritischen Studie über das Werk verwendet[1]. *Mag dieser Titel auch einprägsam sein, so erscheint er uns trotzdem als nicht entsprechend. Für eine Selbstbiographie im eigentlichen Sinn des Wortes fehlt der Niederschrift doch allzuviel. Dabei spielt es keine Rolle, daß Ignatius selbst keine Zeile davon geschrie-*

---

[1] J. Š u s t a, *Ignatius von Loyolas Selbstbiographie. Eine quellengeschichtliche Studie*, in: Mitteilungen des Inst. f. österr. Geschichtsforschung 26 (1905) 45—106.

ben hat, sondern der Text, wie er vorliegt, zunächst aus der Feder eines Sekretärs stammt. Denn wie im einzelnen noch zu zeigen sein wird, läßt sich die erstaunliche Treue nicht nur in den berichteten Tatsachen, sondern auch im Aufbau und Wortlaut mehrfach nachweisen. Von diesem Gesichtspunkt aus stände also nichts im Wege, das Büchlein wirklich Ignatius' Selbstbiographie zu nennen. Jedoch entspricht der Inhalt keineswegs dieser Überschrift. Ignatius will gar nicht sein Leben berichten, sondern nur einen Abschnitt daraus, und diesen auch wiederum nur, soweit er das gestellte Thema berührt. Alles andere, was nicht damit in Verbindung steht, wird großzügig weggelassen, vieles an sich Wichtige und Interessante nur angedeutet, dafür bestimmte Einzelheiten betont ausgeführt. Die schon erwähnte Fragestellung des Paters Nadal gibt das Thema und damit den Maßstab für die sachliche Auswahl der Begebenheiten und für die Struktur des Ganzen. Mit dem Gesagten ist jedoch in keiner Weise die historische Treue und Zuverlässigkeit anzutasten. Im Gegenteil, gerade weil die Zeilen nicht bloß Erinnerungen oder der Versuch einer Selbstbiographie sind, sondern als Antwort auf eine gestellte Frage gedacht und geschrieben wurden und weil damit keinerlei literarische Eitelkeit mit im Spiele war, ist das ständige Sichmühen um Genauigkeit und Treue verständlich, das auf jeder Seite zu spüren ist.

Der von uns gewählte Titel sucht dem Charakter des Werkes mehr zu entsprechen. Seine thematische Geschlossenheit, seine verhältnismäßige Kürze und seine unliterarische Art legen den Ausdruck ,B e r i c h t' nahe, der ungefähr das besagen kann, was wir als Eigenart der vorliegenden Schrift hervorgehoben

*haben. Mit dem Zusatz ,Bericht d e s P i l g e r s' soll die
die Auswahl und den Inhalt bestimmende Leitidee
bezeichnet werden. Der Name Pilger, unter dem Ignatius selbst an so vielen Stellen des Berichtes von sich
spricht, bezieht sich ja nach seiner eigenen Auffassung
nicht bloß ausschließlich auf seine tatsächlich durch-
geführte Pilgerfahrt ins Heilige Land, obwohl sicher
diese Bezeichnung von daher genommen wurde, sondern ist zugleich auch ein Hinweis auf seinen Weg zu
Gott, den er — ganz biblisch (vgl. beispielsweise
2 Kor 5, 6) — mit gutem Recht als Pilgerfahrt seines
Lebens auffassen konnte. Und dies war nun gerade
das Thema, das Pater Nadal mit seiner Fragestellung
gegeben hatte und das Ignatius in seinem Bericht auf-
griff. Damit glauben wir, daß der hier gewählte Titel
,B e r i c h t d e s P i l g e r s' formal, was den Aufbau,
und sachlich, was den Inhalt angeht, am ehesten dem
Büchlein entspricht*[1].

*Eine zweite Frage von einiger Bedeutung für das Ver-
ständnis des Textes ist noch hinsichtlich der Autor-
schaft zu klären. Es wurde bereits bemerkt, daß Ignatius selbst kein einziges Wort des Berichtes eigenhändig
niedergeschrieben hat. Daß trotzdem zu Recht sein
Name als Verfasser genannt wird, ergibt sich aus der
Art, wie der Text entstanden ist. Im Vorwort, das der
als Sekretär verwendete Pater Gonçalves da Câmara
der eigentlichen Niederschrift vorausgehen läßt, werden die näheren Einzelheiten der Abfassung geschildert. Dieser Pater, ein Portugiese, war 1545 in den
jungen Jesuitenorden eingetreten und wurde schon*

---

[1] Eine Bestätigung unserer Auffassung mag man darin
sehen, daß die erste französische Übersetzung, 1922 erschienen, den entsprechenden Titel *Le récit du Pèlerin* trägt.

wenige Jahre später Oberer des großen Kollegs zu Coimbra. Im Zusammenhang mit inneren Schwierigkeiten, die zu Anfang der fünfziger Jahre in der portugiesischen Ordensprovinz entstanden waren, berief ihn Ignatius 1553 zur Berichterstattung nach Rom, wo er bald mit der äußeren Leitung des sogenannten Profeßhauses, das die eigentliche Zentrale des Ordens war, betraut wurde und so in einen beständigen und engen Kontakt mit dem Ordensgeneral kam. Über seine Eindrücke und Erfahrungen, die er in dieser Zeit eines vertrauten Umgangs mit dem Heiligen sammeln konnte, führte er ein genaues und umfangreiches Tagebuch, das mit zu den wertvollsten Quellen über die Amtsführung des Ordensgenerals gehört. Eben dieser Pater war es nun auch, den Ignatius dazu auswählte, seinen Bericht über jenen vergangenen Lebensabschnitt entgegenzunehmen. Weil Pater Gonçalves so dem Heiligen seine Feder lieh und ihn immer wieder zur Weiterführung des Berichtes drängte, haben wir ihm auch diese Seiten, die für die Kenntnis der inneren Entwicklung in Ignatius' Leben so wertvoll sind, zum guten Teil zu danken.

Daß der Ordensgeneral die Form einer mündlich gegebenen Erzählung vorzog, ist leicht verständlich. Eine eigenhändige Niederschrift hätte zuviel Zeit und Kraft in Anspruch genommen und wäre so wohl nie zu einem Ende geführt worden. Denn der Gesundheitszustand des Heiligen war in seinen letzten Lebensjahren durchweg labil und oft nicht unbedenklich; überdies forderte die Leitung des immer mehr sich ausbreitenden Ordens schon die ganze Arbeitskraft. Dazu kam, daß Ignatius selbst ein Mann eher des gesprochenen Wortes als der Feder war; die erhaltenen

Briefentwürfe von seiner eigenen Hand zeigen deutlich, wie langwierig und oft mühsam er am Schreibtisch mit immer neuen Verbesserungen und Abänderungen um den passenden Ausdruck ringen mußte. Auch aus diesem Grund war die gewählte Form des mündlichen Berichtes naheliegend.

Ignatius gab seinen Bericht stückweise, je nach der zur Verfügung stehenden Zeit, in einem größeren, abgelegenen Zimmer des Profeßhauses. Er sprach im Auf- und Abgehen, klar und eindeutig, wie der Sekretär, Pater Gonçalves, bemerkt, so daß sich Zwischenfragen fast erübrigten. Gonçalves hörte zunächst nur zu, wie aus einer Bemerkung gegen Ende seines Vorwortes hervorgeht, wo er schreibt, er habe sich mehrfach dem Heiligen nähern wollen, um ihn zugleich bei seiner Erzählung besser beobachten zu können. Auch der Hinweis des Gonçalves daselbst, er sei jeweils nach einer solchen ‚Sitzung‘ auf sein Zimmer gegangen, um dort das Gehörte in Stichworten sofort festzuhalten, zeigt, daß er jedenfalls für gewöhnlich sich während der Erzählung keine Notizen machte. Unter solchen Umständen erscheint eine getreue Wiedergabe eines nur einmal gehörten längeren Berichtes als ungemeine Gedächtnisleistung. Tatsächlich betont auch Pater Nadal in seinem Vorwort, daß Pater Gonçalves über ein hervorragendes Gedächtnis verfügt habe. Ein solches Lob wollte in der damaligen Zeit, wo die ganze wissenschaftliche Ausbildung viel mehr als heute auf Gedächtnisschulung angewiesen und ausgerichtet war, nicht wenig besagen und läßt die gewählte Arbeitsweise verständlich werden, die somit eine genaue und zuverlässige Festlegung des Berichtes durchaus nicht unmöglich machte.

Wie lange die einzelnen Sitzungen dauerten, läßt sich nicht mehr genau feststellen. Eine ungefähre Auskunft darüber gibt der Sekretär in seinem Vorwort mit der Bemerkung, das erste zusammenhängende Stück des Berichtes, das ungefähr bis in die Mitte der Nummer 27 reicht, sei an vier oder fünf Tagen erledigt worden. Daraus ergibt sich, daß Ignatius in kurzen Abschnitten, die jeweils kaum eine halbe Stunde überschritten, seinen Bericht fortgesetzt hat. Nach diesem ersten Teil, der Ende August und Anfang September 1553 niedergeschrieben wurde, folgte aus den im Vorwort angegebenen Gründen eine lange Unterbrechung bis zum 9. März 1555. Jedoch ließen verschiedene Umstände die kaum aufgenommene Arbeit wieder ruhen, bis dann am 22. September des gleichen Jahres mit dem letzten und umfangreichsten Teil des Berichtes begonnen wurde. Am 22. Oktober wurde er, offensichtlich in gewisser Eile, zu Ende geführt, da Pater Gonçalves am Tage darauf Rom verließ, um über Genua nach Spanien zu reisen. Aus einem Vergleich mit dem ersten, 1553 geschriebenen Abschnitt läßt sich berechnen, daß für den zweiten, größeren Teil etwa das Dreifache an Zeit für die Abfassung anzusetzen ist. Vermutlich hat der Sekretär insbesondere nach den beiden langen Unterbrechungen mit einem kurzen Stichwort Ignatius den Zusammenhang bezeichnet, um somit eine geordnete Abfolge der einzelnen Abschnitte zu gewährleisten.

Der Text, wie er vorliegt, spricht dafür, daß Ignatius selbst bei der Erzählung keine schriftlichen Notizen benützt hat, sondern frei sprach. Indessen lassen sowohl die Darstellung wie auch einige da und dort eingestreute Zwischenbemerkungen eindeutig erkennen,

*daß der Heilige sich jeweils zuvor in eingehender
Überlegung die Begebenheiten und Gedanken zurecht-
gelegt hatte, die er dann berichten wollte.*

*Für die Frage, inwieweit die Niederschrift des Paters
Gonçalves, die er auf Grund seiner stichwortartigen
Notizen später ausarbeitete, dem ursprünglichen Bericht des Ignatius entspricht, ist gerade die eben dargelegte Weise, wie der Text entstand, von Bedeutung.
Der Bericht war, wie gezeigt wurde, zunächst nicht
eine in schriftlicher Form gegebene Darstellung, sondern eine mündliche, mit gesprochenen Worten ge-
botene Mitteilung. Eine mündliche Erzählung ist nun
im allgemeinen unmittelbarer, lebendiger, konkreter,
sie kommt mit weniger stilistischen Feinheiten und
Darstellungsmitteln aus, sie kann vieles durch Ton und
Akzentuierung ausdrücken, sie ist freier im Aufbau
und unabhängiger von zeitlicher und logischer Aufeinanderfolge. Sie kann somit gleichsam plastisch ausdrücken, was das von vornherein geschriebene Wort
nur gewissermaßen linear darzustellen vermag. Der
schriftliche, von Pater Gonçalves niedergelegte Text
weist tatsächlich noch alle diese Eigenheiten auf. Es
seien dafür nur einige Beispiele hier angeführt, die sich
leicht um das Vielfache vermehren ließen. So findet
sich in Nr. 14 zwischen den einleitenden Worten, die
eine Einzelbegebenheit ankündigen, und deren eigentlicher Darstellung ein größerer Einschub, der noch
ganz den Gedankengang des Sprechenden verrät und
sich gar nicht in eine literarische Fassung einfügt. Ferner zeigt Nr. 32 f. eine Art Stichwortkomposition, die
verschiedene, zeitlich weit auseinanderliegende Ereignisse zusammenfaßt. Oder in Nr. 73 erscheint die Unsicherheit in der Angabe einer Jahreszahl, wie sie nur*

bei einer mündlichen Erzählung vorkommen kann, während eine genauere Berechnung sich aus den dort angegebenen Daten eindeutig entnehmen ließe.

Es ist verständlich, daß mit solchen deutlichen Spuren einer ursprünglich mündlichen Fassung nicht der Nachweis einer vollständig wortgetreuen Nachschrift erbracht werden kann. Das ist jedoch auch gar nicht beabsichtigt. Pater Gonçalves selbst räumt in seinem Vorwort die Möglichkeit ein, daß er nicht immer und bei jedem Ausdruck genau die Worte des Ignatius schriftlich festhalten konnte. Indes wird jedenfalls deutlich, wie gewissenhaft der mit der Niederschrift betraute Sekretär seine Aufgabe durchzuführen bestrebt war. Und auch wenn ein Teil der stilistischen Form auf ihn zurückzuführen ist, so steht doch die sachliche Treue seiner Wiedergabe außer Zweifel. Mit dieser redaktionellen Aufarbeitung, die Pater Gonçalves aus dem Material seiner Stichwortnotizen vorzunehmen hatte, kommt eine gewisse Unausgeglichenheit in den Bericht, wie er nun vorliegt. Eine freie, nacherzählende Darstellung wäre geschlossener, glatter und ausgewogener geworden, während eine ganz wörtliche Wiedergabe der mündlichen Erzählung noch deutlicher die ihr eigenen Besonderheiten zum Ausdruck brächte. Eine nachträgliche Scheidung der beiden ‚Quellen‘ voneinander ist nun allerdings nicht mehr in jedem Fall möglich, aber auch nicht notwendig, da es sich nicht um inhaltliche Zusätze oder Änderungen handelt, sondern nur um die Form der Darstellung.

An nicht wenigen Stellen jedoch lassen sich die nachträglichen Hinzufügungen aus der Feder des Sekretärs vom ursprünglichen ignatianischen Wortlaut leicht abheben. Es sind dies all die vielerorts eingestreuten

Wendungen in der Ichform, beispielsweise „meines Wissens", „soweit ich mich erinnere". Diese Zusätze lassen aber zugleich deutlich werden, wie gewissenhaft sich Pater Gonçalves seiner Aufgabe entledigte, indem er alle jene Punkte, bei denen seine Kurznotizen ihm nicht mehr sicheren Aufschluß gaben, mit solchen einschränkenden Wendungen kenntlich machte. Außerdem kann man wohl die verschiedenen Versuche einer Querverbindung, die durch Bemerkungen wie „oben erwähnt" und dergleichen eine gewisse Ordnung des Ganzen herstellen wollen, der redigierenden Feder des Sekretärs zuschreiben. Dagegen blieb der Aufbau im ganzen und auch in der Abfolge der einzelnen Begebenheiten sicher unverändert, wie dies die vielen zeitlichen Überschneidungen (Späteres wird früher berichtet, Auslassungen werden nachgeholt), die ganz der Eigenart eines mündlichen Berichtes entsprechen, noch erkennen lassen. Auch die ebenfalls für einen mündlichen Bericht kennzeichnende Ungleichmäßigkeit im Umfang, den die einzelnen Ereignisse zugeteilt bekommen, ist in der Niederschrift treu festgehalten. Ebenso entspricht die gewisse Umständlichkeit, mit der einzelne Dinge berichtet werden, viel mehr dem gesprochenen Wort als einer nachträglichen Überarbeitung. Schließlich beweist auch die Tatsache, daß viele Dinge besonders gegen Schluß wegen der damaligen Zeitknappheit nur ganz kurz berichtet sein konnten und auch in der Niederschrift nur angedeutet werden, die Treue des Sekretärs gegenüber dem ursprünglichen Bericht, den er ja leicht aus seinem sonstigen Wissen um jene an sich bereits allgemeiner bekannten Begebenheiten hätte ergänzen können.

*

Zusammenfassend läßt sich also sagen, daß der Text auch in der Fassung, wie er jetzt schriftlich vorliegt, durchaus zu Recht dem heiligen Ignatius selbst als Verfasser zugeschrieben werden kann und muß. Damit stellt sich die weitere Frage nach der historischen Zuverlässigkeit und Glaubwürdigkeit der ursprünglichen Erzählung. Zur Beantwortung sind dabei zwei grundverschiedene Arten von berichteten Begebenheiten und Ereignissen zu unterscheiden. Zunächst sind da eine eine Vielzahl von geschichtlich-biographischen Einzelangaben, die sich teils aus der sonstwie bekannten Zeitgeschichte (man denke etwa an die Erwähnung der militärischen Ereignisse zu Beginn des Berichtes oder an die Schilderung der Palästinawallfahrt), teils aus anderweitigen Quellen zur Lebensgeschichte des Heiligen eindeutig nachkontrollieren lassen. Genaue Einzeluntersuchungen haben hierbei zu überraschend guten Urteilen geführt. Man hat dabei vor allem zu bedenken, daß Ignatius mit großem zeitlichen Abstand über oft geringfügige Einzelheiten zu berichten weiß, wo sich irrtümliche und fehlerhafte Schilderungen nur allzuleicht einschleichen können. Diese auffallende historische Treue und Genauigkeit des Berichtes heben auch nichtkatholische Forscher hervor.

Wichtiger jedoch als diese Angaben zur äußeren Zeit- und Lebensgeschichte sind aus der ganzen Anlage und Zielsetzung des Berichtes jene Mitteilungen, die der Heilige über den inneren Weg seiner Seele unter der Führung der Gnade Gottes gibt. Der bloße Historiker, dem es nur um das Tun des Menschen geht und der ein so unmittelbares Eingreifen Gottes in ein menschliches Leben ablehnt oder zumindest aus seiner Betrachtung ausschließen möchte, steht hier vor einem ihm unzugänglichen und unverständlichen Gebiet. Er vermag diese Seiten — und sie machen den Hauptteil des Berichtes aus — höchstens noch als psychologisches Phänomen zu bewerten und darin den Ausdruck eines schwärmerisch-exaltierten Menschen zu sehen. Daß damit der Bericht jedoch in seinem eigentlichen Anliegen und Inhalt gar nicht mehr verstanden wird, ist aus dem bereits Gesagten zur Genüge klar geworden. Der Text in seinem ganzen Umfang eröffnet sich nicht einer bloß historischen oder psychologischen Zergliederung und Ausdeutung, sondern er ist ein Dokument des Glaubens und setzt daher eigentlich eine Theologie voraus. Nicht der Mensch Ignatius, sondern Gott selbst steht im Mittelpunkt. Daraus ergibt sich, daß hier in den entscheidenden Stücken des Berichtes der Versuch einer nachträglichen Prüfung durch einen Außenstehenden keinen Platz und keinen Sinn mehr hat. Denn das, was zwischen Gott selbst und der Seele des Einzelmenschen unmittelbar geschieht, das heißt die Gnadenführung, entzieht sich der kritischen Untersuchung eines Dritten und bleibt im letzten ein Geheimnis, dem man Ehrfurcht schuldet.

Die einzige Frage, die sich hierzu an den Bericht stellen läßt, ist die, ob der Berichtende selbst mit seiner Darstellung der ihm zuteil gewordenen mystischen Erlebnisse glaubwürdig ist. Zur Begründung einer bejahenden Antwort ist eine doppelte Überlegung notwendig. Einmal zeigt ein Blick auf das Inhaltliche der berichteten mystischen Erfahrungen, daß sie sich durchaus in den Rahmen einfügen, der von der kirchlichen Tradition vorgezeichnet ist, und daß sie jenen Grundsätzen entsprechen, die von der Theologie festgestellt werden können. Natürlich kann es hier nicht darum gehen, die Mystik des heiligen Ignatius und den Heiligen selbst als Mystiker darzustellen. Es wären dafür noch viele seiner anderen Schriften, insbesondere sein Geistliches Tagebuch, das Buch der Geistlichen Übungen und viele seiner Briefe heranzuziehen. Es genüge hier vielmehr die eben getroffene Feststellung, welche die Frage nach der Glaubwürdigkeit gleichsam negativ abgrenzt, indem damit gesagt ist, daß die von Ignatius berichteten inneren Erlebnisse in keiner Weise der christlichen Lehre widersprechen. Außerdem läßt sich aber auch positiv zur Beantwortung unserer Frage einiges dem Bericht selbst entnehmen. Dabei ist auf die Art und Weise hinzuweisen, in der Ignatius von diesem Intimsten seiner Seele spricht. Die auffallende Nüchternheit, Sachlichkeit und Zurückhaltung auch bei Erwähnung der hervorstechendsten Begebenheiten (vor allem der Stunde am Cardonerfluß in Nr. 30 und der Vision bei La Storta vor den Toren Roms in Nr. 96) lassen seine eigene kritische Prüfung und Bewertung gegenüber seinen mystischen Erfahrungen deutlich werden. Ignatius verrät sich damit als ein Mann, der sich in keiner Weise vom Überströmen der eigenen Empfindung hinreißen läßt, sondern vorsichtig abwägend lieber zuwenig als auch nur ein Wort zuviel über sein persönliches Erleben sagen will. Einem solchen wirklichen Meister der Selbstbeobachtung und der Unterscheidung der Geister ist in dem, was er über sich selbst berichtet, unbedingt Glauben zu schenken. Von da aus bekommt auch jener feierliche Augenblick, in dem Ignatius am Schluß seines Berichtes die Eindeutigkeit und Reinheit seiner Absicht betont, ein besonderes Gewicht.

Der ‚Bericht des Pilgers‘ wird so zu einem

wertvollen Selbstzeugnis eines Menschen, dessen Leben in engster Verbindung mit Gott stand. Die immer wachere Bereitschaft, auf Gottes Stimme zu hören und Seiner Führung zu folgen, ist das Leitmotiv, das sich durch all die Wechselfälle und Schwierigkeiten dieses Lebensabschnittes hindurchzieht. Was Ignatius hier in der Rückschau auf seine eigene Erfahrungen als Ergebnis der ihm zuteil gewordenen Gnadenführung berichtet, hatte er schon einige Jahre zuvor im 9. Teil seiner Konstitutionen, wo er das Idealbild des Ordensgenerals zeichnet, mit etwas allgemeineren Worten niedergelegt. An erster Stelle unter den für den Obern des Ordens erforderlichen Eigenschaften führt er an, „daß er sehr eng mit Gott unserm Herrn verbunden und mit Ihm im Gebet vertraut sein müsse, damit er um so besser von Ihm, der Quelle jeglichen Gutes, für die ganze Gesellschaft reiche Mitteilung Seiner Gaben und Gnaden und damit die eigentliche Wirkkraft für alle menschlichen Bemühungen erflehen könne, die man nur zum Heil der Seelen einsetzen werde". Schon Pater Gonçalves spricht in seinem Tagebuch den Gedanken aus, daß der Heilige gerade in diesem Abschnitt der Konstitutionen mit seinen idealen Forderungen an den Ordensgeneral die Grundzüge seiner eigenen Persönlichkeit wiedergegeben habe. Der Weg zu dieser Höhe, wo er nach seinen eigenen Worten „immer und zu jeder Stunde, wann er Gott finden wolle, Ihn finden könne" (Nr. 99), ist eben in seinem ‚Bericht des Pilgers‘ niedergelegt, der im letzten mehr als bloße Geschichte ist.

*

Man kann verstehen, daß die Niederschrift des Paters Gonçalves im jungen Orden größtes Interesse fand. Pater Nadal bemerkte in seinem Vorwort, der Text gehe von Hand zu Hand. Diese Feststellung konnte gerade er auf Grund seiner genauen Kenntnis eines großen Teiles des Ordens treffen; war ja Nadal nicht nur von Ignatius selbst, sondern auch von dessen beiden Nachfolgern als Visitator in die meisten europäischen Provinzen entsandt worden. Wir wissen, daß er stets eine Abschrift des Berichtes mit sich führte. Und da er ihn als Vermächtnis des Ignatius an seinen Orden betrachtete, kann man wohl verstehen, daß er persönlich für die Kenntnis und Verbreitung des Textes bemüht war. In den Jahren 1565—1566 weilte er in Deutschland zur Visitation der dortigen Niederlassungen des Ordens. Wenn die Annahme richtig ist, daß er seinen Prolog im Jahr darauf, also 1567, verfaßt habe, dann darf man wohl in seiner Bemerkung von dem großen Interesse für den Bericht auch einen Niederschlag seiner deutschen Erfahrung sehen.

Im gleichen Jahre 1567 setzte nun aber eine Gegenaktion ein. Man plante in Rom eine große, umfassende Biographie des Ordensgründers, und ihre Abfassung wurde Pedro Ribadeneira übertragen, der 1541, erst fünfzehnjährig, von Ignatius in den Orden aufgenommen worden war. Im Juni 1567 wurden alle Provinzobern aufgefordert, die bei den einzelnen Jesuiten etwa vorhandenen Materialien und Unterlagen für eine Lebensgeschichte des Ignatius einzusammeln und nach Rom zu übersenden, wo sie dann Ribadeneira für seine Arbeit zur Verfügung gestellt werden sollten. Mit dieser begrüßenswerten und verständlichen Sorge um die Vollständigkeit der geplan-

ten Biographie war jedoch zugleich noch eine andere Absicht verbunden: man wollte die bisher umlaufenden Schriften über Ignatius einziehen, um dem Werk Ribadeneiras die Stellung einer allgemein verbindlichen und geradezu offiziellen Ignatiusbiographie zu geben, welche die einzige Lebensbeschreibung des Ordensgründers sein sollte. Die Folge dieser Maßnahme war tatsächlich, daß auch der ,Bericht des Pilgers' so gut wie verschwand und vergessen wurde. Nur noch in Archiven wurden einige Abschriften aufbewahrt. Wenn auch Ribadeneira in seinem zuerst 1572 lateinisch erschienenen Ignatiusleben, das bald in alle wichtigeren Sprachen übersetzt wurde, den Inhalt des Berichtes ziemlich vollständig verwertete, so bedeutete doch die getroffene Maßnahme einen nicht geringen Verlust. Denn wie aus dem bisher Gesagten ersichtlich wurde, konnte eine bloße Nacherzählung den ursprünglichen Bericht in seiner ganz persönlich gehaltenen Diktion nicht ersetzen. Nadal und Gonçalves hatten da ein besseres Gespür, wenn jener in dem Wort des Vaters Ignatius gleichsam das letzte Vermächtnis sah und dieser sich um eine möglichst getreue Wiedergabe bemühte. Erst nach mehr als hundertfünfzig Jahren wurde der ,Bericht des Pilgers' von den Bollandisten wieder aus der Verborgenheit der Archive herausgezogen und seine lateinische Fassung im letzten Juliband der Acta Sanctorum veröffentlicht. Diese Übersetzung blieb für lange Zeit der einzige Zugang, bis endlich zu Anfang dieses Jahrhunderts auch der Orginaltext zum erstenmal im Druck erschien.

Unserer Übersetzung liegt der spanische bzw. italienische Urtext zugrunde, so wie er im I. Bande der

Fontes Narrativi in der Reihe Monumenta Historica Societatis Iesu 1943 in kritischer Bearbeitung herausgegeben wurde. Die dort festgelegte Einteilung in Kapitel und die fortlaufende Zählung der einzelnen Abschnitte wurden übernommen, nur die Überschriften der Kapitel wurden vom Übersetzer hinzugefügt. Bloß an einer Stelle, wo uns die handschriftliche Überlieferung fraglich erscheint, weichen wir von dieser Ausgabe ab und geben in den Erläuterungen die Begründung der von uns übernommenen Lesart. Außerdem haben wir die nachträglichen Randbemerkungen des Paters Gonçalves, die er an einigen Stellen ergänzend beifügte und die in der Ausgabe der Fontes Narrativi in der gleichen Anordnung als Randzusätze erscheinen, an den entsprechenden Stellen des Textes selbst eingefügt. Die lateinische und die bisherigen deutschsprachigen Übersetzungen wurden durchlaufend verglichen; sie konnten jedoch keine wesentliche Hilfe bieten, da jene den Originaltext sehr frei übersetzt und diese, die modernen deutschen Übersetzungen nämlich, sich auf einen weniger korrekten und auch nicht ganz vollständigen Text stützen mußten. Wie jede Übersetzung, ist auch die unsere eine Art Kompromiß: einerseits sollte ein lesbarer, verständlicher Text geboten werden, der anderseits aber zugleich auch den Charakter des Originals wiederzugeben hat. Wer die ignatianische Diktion, die noch an nicht wenigen Stellen auch in der Niederschrift des Paters Gonçalves durchscheint, mit ihrer Schwerfälligkeit und Unbeholfenheit kennt, kann leicht verstehen, wie schwierig und im letzten eigentlich unlösbar die Aufgabe ist, jenen beiden Forderungen gleichermaßen gerecht zu werden.

Ebenso mußte in den Erläuterungen ein Mittelweg gewählt werden. Wie bereits betont, bietet der ‚Bericht des Pilgers' nicht einmal für den Lebensabschnitt, der hauptsächlich behandelt wird, alle Angaben, die man an eine eigentliche Biographie stellen möchte. Und es wurde davon Abstand genommen, alle diese Lücken mit ausführlichen Anmerkungen zu ergänzen. Dafür sei hier auf die neueste Biographie des Heiligen in deutscher Sprache verwiesen[1]; dort findet man in gedrängter Kürze die auf Grund eines eingehenden Studiums aller einschlägigen Quellen ausgearbeitete Lebensgeschichte des Ignatius, die zusammen mit den sie begleitenden 226 Bildern einen hervorragenden Überblick über die Gestalt des Verfassers unseres Berichtes bietet und für seinen Inhalt den Hintergrund des ganzen Lebensablaufes abgibt. In der vorliegenden Ausgabe beschränken sich dagegen die Erläuterungen auf das zum Verständnis des Textes Notwendige. Insbesondere wurde darauf geachtet, die oftmals nur ganz knappen Andeutungen zur Zeitgeschichte in ausreichendem Maße zu ergänzen. Die Ignatiusliteratur, insbesondere die Veröffentlichungen von Pedro Leturia S. J. und Hugo Rahner S. J., wurden dabei ausgiebig zu Rate gezogen[2]. Außerdem war die

---

[1] L. v. Matt - H. Rahner, *Ignatius von Loyola*, Zürich-Würzburg 1955.

[2] Zu den bereits genannten Werken von H. Rahner sind noch beizufügen: *Ignatius von Loyola und das geschichtliche Werden seiner Frömmigkeit*, Graz 1949 (2. Aufl.); H. Rahner, *Ignatius von Loyola als Mensch und Theologe*, Freiburg i. Br. 1964.

von V. Larrañaga S. J. besorgte spanische Ausgabe des Berichtes mit ihren umfangreichen Anmerkungen eine wertvolle Hilfe[1]. *Jedoch glauben wir, auf ausführliche Literatur- und Quellenverweise in den Erläuterungen um so eher verzichten zu können, da diese Ausgabe nur dazu dienen will, dem deutschsprachigen Leser den ‚Bericht des Pilgers' wieder zugänglich zu machen.*

[1] V. L a r r a ñ a g a, *Obras completas de S. Ignacio de Loyola I*, Madrid 1947, S. 101—580. — Weiterführende Literatur zu Ignatius von Loyola, die leicht zugänglich ist: Geschichtliche Darstellungen: H. B o e h m e r, *Ignatius von Loyola*, hrsg. von H. L e u b e, Stuttgart 1941; A. R a v i e r, *Ignace de Loyola fonde la Compagnie de Jésus*, Paris 1973. — Die theologische und spiritualitätsgeschichtliche Bedeutung des Ignatius wird dargestellt in dem Sammelband: *Ignatius von Loyola. Seine geistliche Gestalt und sein Vermächtnis. 1556—1956*, hrsg. von F. W u l f, Würzburg 1956. Über Ignatius und den Charakter seiner Ordensgründung: G. S w i t e k, *In Armut predigen. Untersuchungen zum Armutsgedanken bei Ignatius von Loyola*, Würzburg 1972.

31

VORWORT DES PATERS NADAL

1 Andere Patres und ich hatten von unserem Vater
Ignatius gehört, er habe danach verlangt, daß Gott
ihm vor seinem Tode noch drei Gnaden gewähren
möge: einmal, daß der Orden der Gesellschaft Jesu
vom Apostolischen Stuhle bestätigt werde; zum zweiten, daß dasselbe mit den Geistlichen Übungen ge-
schähe; und drittens, daß er noch die Konstitutionen
niederzuschreiben vermöchte.

2 Da ich mich daran erinnerte und zugleich miterlebte,
wie er all dies erreichte, fürchtete ich, er werde bald
aus unserer Mitte zu einem besseren Leben abberufen.
Ich wußte nun, daß die heiligen Väter und Stifter von
Mönchsorden ihren Nachfahren nach Art eines letzten
Vermächtnisses jene Weisungen hinterlassen hatten,
die ihnen für ihr Streben nach Vollkommenheit behilflich sein sollten. Daher suchte ich nach einer guten
Gelegenheit, den Vater Ignatius um eben das gleiche
zu bitten. Als wir nun eines Tages im Jahre 1551 beisammen waren, geschah es, daß der Vater Ignatius zu
mir sagte: „Jetzt war ich über den Himmel erhoben";
meines Erachtens wollte er damit sagen, daß er eben
eine Ekstase oder ein Hingerissensein erlebt habe, wie
dies ihm oftmals zuteil wurde. In aller Ehrfurcht fragte
ich ihn: „Was wollt Ihr damit sagen, Vater?" Sofort
lenkte er das Gespräch auf anderes. Ich glaubte, daß

dies nun der rechte Augenblick wäre, und bat ihn sehr dringlich, er möchte uns doch darlegen, auf welche Weise Gott ihn vom Anfang seiner Bekehrung an geführt habe, damit dann dieser Bericht uns als Vermächtnis und väterliche Unterweisung nützlich sein könne. „Denn", so sagte ich, „da Gott Euch jene drei Anliegen gewährt hat, die Ihr noch vor Eurem Tode zu erleben wünschtet, befürchten wir, daß Ihr bald zur ewigen Herrlichkeit abberufen werdet."

3 Der Vater entschuldigte sich mit seinen Arbeiten und meinte, er könne seine Aufmerksamkeit und seine Zeit nicht auf so etwas verwenden. Indessen fügte er hinzu: „Lest drei Messen nach dieser Meinung, Sie, Polanco und Poncio, und dann nach dem Gebet berichtet mir, wie ihr über diese Frage denkt." „Vater, wir werden dann sicher ebenso darüber denken, wie wir jetzt denken." Er aber sagte nur noch mit großer Milde: „Tut, was ich euch sage!" Wir lasen nun die drei Messen, und nachdem wir ihm danach unsere Ansicht mitgeteilt hatten, versprach er, unsere Bitte zu erfüllen. Als ich im folgenden Jahr von Sizilien zurückkam und unmittelbar vor meiner Entsendung nach Spanien stand, fragte ich den Vater, ob er schon etwas getan habe. „Nichts", antwortete er mir. Nach der Rückkehr von Spanien im Jahre 1554 stellte ich wiederum die gleiche Frage. Aber er hatte noch nichts unternommen. Von irgendeinem inneren Drang getrieben, bestand ich jedoch damals weiter darauf: „Es sind nun schon bald vier Jahre her, daß ich Euch immer wieder darum bitte, mein Vater, und zwar nicht bloß in meinem eigenen Namen, sondern im Namen aller anderen, daß Ihr uns im einzelnen berichtet, auf welche Weise Gott Euch vom Beginn Eurer Bekehrung an geführt hat.

Denn wir sind überzeugt, daß die Kenntnis darüber für uns und für die ganze Gesellschaft höchst nützlich sein wird. Da ich jedoch sehe, daß Ihr es doch nicht tut, möchte ich Euch des einen versichern: wenn Ihr uns unseren dringlichen Wunsch erfüllt, werden wir diesen Liebeserweis sehr zu nützen wissen; andernfalls jedoch werden wir deswegen nicht den Mut verlieren, sondern wir werden die gleiche Zuversicht in unserem Herrn behalten, wie wenn Ihr alles niedergeschrieben hättet.«

4 Der Vater gab nichts mehr zur Antwort, aber er rief — meines Wissens war es am gleichen Tage — den Pater Luis Gonçalves zu sich und begann mit dem Bericht über sein Leben, den dieser dann mit seinem hervorragenden Gedächtnis schriftlich niederlegte. Dies ist also die ‚Geschichte des Vaters Ignatius‘, die von Hand zu Hand geht. Der Pater Luis war Elektor bei der ersten Generalkongregation, und auf dieser wurde er zum Assistenten des Paters General Laynez erwählt. Später wurde er dann Lehrer und Erzieher des Königs von Portugal, Don Sebastiáns. Er ist ein Pater von ausnehmender Tüchtigkeit. Pater Gonçalves schrieb teils in spanischer, teils in italienischer Sprache, je nachdem welche Schreibgehilfen er gerade zur Verfügung hatte. Die Übersetzung fertigte Pater Annibale du Coudray an, ein sehr gelehrter und frommer Mann. Beide, der Schreiber wie der Übersetzer, sind noch am Leben.

VORWORT
DES PATERS GONÇALVES DA CÂMARA

1 An einem Freitagmorgen, am 4. August des Jahres 1553, am Vortag des Festes Unserer Lieben Frau vom Schnee, stand der Vater im Garten nahe beim Hause, oder genauer: nahe bei dem Flügel, der ‚Der Herzog' heißt. Ich war gerade dabei, ihm Rechenschaft über einige Einzelheiten meines Seelenlebens abzulegen, und unter anderem sprach ich mit ihm auch von meiner Neigung zu eitler Ruhmsucht. Als Mittel dagegen gab mir der Vater an, ich solle oftmals alle meine Anliegen bewußt auf Gott hinlenken und mich darum bemühen, alles, was ich etwa an Gutem in mir fände, Ihm anzubieten, dies so als Seine Gabe anzuerkennen und Ihm dafür zu danken. So sprach er zu mir in einer Weise, die mir großen Trost schenkte, so daß ich die Tränen nicht mehr zurückhalten konnte. Der Vater erzählte mir auch, wie er selbst zwei Jahre lang mit diesem Fehler zu kämpfen hatte, und zwar so stark, daß er damals, als er in Barcelona aufs Schiff ging zur Fahrt nach Jerusalem, niemandem zu sagen wagte, er wolle nach Jerusalem reisen; und er berichtete noch mehrere ähnliche Einzelheiten. Er fügte noch hinzu, welch großen Frieden er später diesbezüglich in seiner Seele gespürt habe. Eine oder zwei Stunden nachher gingen wir zu Tisch. Unser Vater, der mit Magister Polanco und mir zusammen speiste, sagte, Magister

Nadal und andere aus der Gesellschaft hätten ihn oftmals um eine bestimmte Sache gebeten, doch habe er sich nie dazu entschließen können; indes habe er nach dem Gespräch mit mir, als er sich in sein Zimmer zurückgezogen hatte, eine große Andacht und Hinneigung verspürt, es endlich doch zu tun; und nun — dabei sprach er in einer solchen Weise, daß deutlich wurde, wie Gott selbst ihm große Klarheit darüber geschenkt hatte, er solle dies tun — sei er dazu durchaus entschlossen; es ginge darum, zu berichten, was alles in seiner Seele bis heute vor sich gegangen sei, und er habe sich auch dafür entschieden, daß ich es sein sollte, dem er diese Dinge enthüllen wolle.

2 Dem Vater ging es damals sehr schlecht; und auch sonst war es nicht seine Art, auch nur mit einem einzigen weiteren Lebenstag zu rechnen. Wenn einer meinte: „Ich will das in vierzehn Tagen erledigen oder nach einer Woche", gab der Vater vielmehr immer geradezu bestürzt zur Antwort: „Wie denn das! Glauben Sie, noch so lange zu leben?" Dagegen sagte er damals, er hoffe noch drei oder vier Monate am Leben zu bleiben, um diese Angelegenheit zu Ende zu führen. Am folgenden Tag sprach ich ihn an und fragte ihn, wann er wünsche, daß wir beginnen sollen. Er antwortete mir, ich solle ihn jeden Tag daran erinnern (wie viele Tage es wurden, weiß ich nicht mehr genau), bis er Zeit dazu habe. Da er sie jedoch damals wegen anderer Arbeiten nicht bald fand, kam es dann dahin, daß ich ihn nur noch jeden Sonntag erinnern sollte. Im September schließlich (ich erinnere mich nicht mehr an das genaue Datum) rief mich der Vater und begann, sein Leben und seine Jugendstreiche offen und deutlich mit allen ihren Einzelheiten zu erzählen. Im

gleichen Monat ließ er mich dann noch drei- oder viermal rufen und kam mit seiner Lebensgeschichte bis zum Beginn seines Aufenthaltes in Manresa, wie man es noch an der verschiedenen Schrift erkennen kann.

3 Die Weise, in der der Vater erzählt, ist dieselbe, die er in allen Angelegenheiten immer beweist: nämlich mit einer solchen Klarheit, daß er dem Zuhörer die ganze Vergangenheit gleichsam gegenwärtig werden läßt. Daher war auch keine weitere Frage mehr notwendig; denn der Vater dachte von selbst daran, alles zu sagen, was von Wichtigkeit ist, um dem Zuhörer das Verständnis zu ermöglichen. Ohne dem Vater etwas davon zu sagen, ging ich daran, das Erzählte unmittelbar niederzuschreiben, zunächst eigenhändig in Stichworten und danach ausführlicher, wie es jetzt schriftlich vorliegt. Ich habe mir alle Mühe gegeben, nur die Worte wiederzugeben, die ich aus dem Munde des Vaters vernommen hatte. Was ich vielleicht falsch gemacht zu haben fürchte, ist dies, daß ich nämlich nicht ganz gut die Überzeugungskraft einiger Ausdrücke des Vaters wiederzugeben vermochte, um ja nicht von seinen Worten abzuweichen. So schrieb ich an diesem Teil, wie bereits erwähnt, bis September 1553. Von da ab bis zur Ankunft des Paters Nadal am 18. Oktober 1554 hatte der Vater immer eine Entschuldigung wegen irgendwelcher Krankheiten und verschiedener vordringlicher Geschäfte, und er sagte dann zu mir: „Wenn diese Angelegenheit fertig ist, dann erinnern Sie mich wieder daran!" Wenn sie erledigt war, folgte meine Mahnung, worauf er dann meinte: „Jetzt stehen wir wieder mitten in dieser anderen Arbeit; wenn sie fertig ist, dann mahnen Sie mich!"

4 Pater Nadal freute sich bei seiner Ankunft sehr, daß ein Anfang gemacht war. Er trug mir auf, den Vater immer wieder zu drängen; und oftmals sagte er zu mir, mit nichts anderem könne der Vater eine größere Wohltat der Gesellschaft erweisen als eben durch die Vollendung dieses Berichtes, und das erst hieße im ganz wahren Sinn die Gesellschaft gründen. Ähnlich sprach er selber oftmals mit dem Vater. Und der Vater sagte mir, ich solle ihn erneut daran erinnern, sobald die Bemühungen um die finanzielle Sicherung des Römischen Kollegs abgeschlossen seien. Und nach deren Abschluß hieß es, sobald die Frage der Äthiopischen Mission erledigt und der Postbote abgegangen sei. Am 9. März begannen wir mit der Fortsetzung der Lebensgeschichte. Als jedoch der Zustand des Papstes Julius III. beängstigend wurde und dieser dann am 23. März starb, verschob der Vater die Arbeit, bis ein neuer Papst da sei. Kaum war er jedoch gewählt, erkrankte er und starb gleichfalls; es war Papst Marcellus. Wieder machte der Vater einen Aufschub bis zur Wahl des Papstes Paul IV. Danach wurde er durch die Sommerhitze und die vielerlei anderen Beschäftigungen immer wieder abgehalten bis zum 21. September, als zum erstenmal meine Versetzung nach Spanien besprochen wurde. Deshalb drängte ich dann den Vater sehr, er solle doch sein Versprechen erfüllen, das er mir gemacht hatte. Darauf setzte er die Fortsetzung auf den Morgen des 22. im ‚Roten Turm‘ an. Sofort nach dem Ende meiner Messe ging ich daher zu ihm, um ihn zu fragen, ob es jetzt nicht an der Zeit wäre.

5 Er gab mir zur Antwort, ich solle vorausgehen und ihn im ‚Roten Turm‘ erwarten, damit ich schon dort wäre, wenn er käme. Ich merkte, daß ich geraume Zeit an jenem Ort auf ihn warten müßte. Während ich nun gerade im Durchgang stand und mit einem Mitbruder sprach, der mich irgend etwas gefragt hatte, kam der Vater, und er erteilte mir einen Verweis, weil ich es an Gehorsam fehlen gelassen und ihn nicht im ‚Roten Turm' erwartet hätte. Er wollte an jenem Tage nichts weiter mehr tun. Darauf wurden wir erneut wieder recht zudringlich. Schließlich kam er zum ‚Roten Turm' zurück und führte, auf und ab gehend, den Bericht fort, so wie er auch zuvor immer erzählt hatte. Um seinen Gesichtsausdruck beobachten zu können, versuchte ich, ihm immer etwas näher zu kommen, worauf der Vater sagte: „Beobachten Sie die Regel!" Wie ich nun ein andermal, unbekümmert um diesen Verweis, mich ihm nähern wollte und noch zwei- oder dreimal in den gleichen Fehler erneut verfiel, wiederholte er denselben Tadel und ging weg. Schließlich kam er wieder zurück, um mir im gleichen Turmzimmer zu Ende zu diktieren, was in dieser Niederschrift enthalten ist. Da ich jedoch schon seit geraumer Zeit reisefertig war — man muß bedenken, daß der Vortag meiner Abreise der letzte Tag war, an dem der Vater über dieses Thema mit mir sprach —, konnte ich in Rom nicht mehr alles in die endgültige und ausführliche Fassung bringen. Weil mir dann in Genua kein spanischer Schreibgehilfe zur Verfügung stand, diktierte ich in italienischer Sprache, was ich an stichwortartigen Notizen aus Rom mitgebracht hatte. Diese endgültige Niederschrift beendete ich im Dezember 1555 in Genua.

DER BERICHT DES PILGERS

ERSTES KAPITEL

Abkehr von der Welt

1 Bis zum Alter von sechsundzwanzig Jahren war er den Eitelkeiten der Welt ergeben, und hauptsächlich fand er aus einem unbändigen und eiteln Verlangen, sich Ruhm zu gewinnen, sein Gefallen in Waffenübungen. Er gehörte damals zur Besatzung einer Zitadelle, welche die Franzosen berannten; und während nun alle andern der Meinung waren, man solle sich unter der Bedingung freien Abzuges ergeben, da sie die Unmöglichkeit einer Verteidigung klar einsahen, redete er dagegen mit so viel Gründen auf den Befehlshaber ein, daß dieser sich trotz allem zur Verteidigung entschloß entgegen der Ansicht aller anderen Offiziere, die sich aber dann doch durch seinen Mut und seine Tapferkeit mitreißen ließen. Als nun der Tag anbrach, an dem man mit dem Beginn der Beschießung rechnen mußte, beichtete er bei einem seiner Waffengefährten. Als die Beschießung eine gute Zeitlang gedauert hatte, traf ihn ein Kanonenschuß an einem Bein und brach es vollständig; und da die Kugel auf der Innenseite des Beines durchging, wurde dabei auch das andere Bein schwer verwundet.

2 Nachdem er ausgefallen war, ergab sich die Besatzung der Zitadelle alsbald den Franzosen. Sie behandelten den Verwundeten nach der Eroberung der Festung ausgezeichnet und erwiesen ihm alle Höflichkeit und

Aufmerksamkeit. Nach zwölf oder fünfzehn Tagen, die er noch in Pamplona verblieb, ließen sie ihn in einer Sänfte in seine Heimat bringen. Dort erwies sich sein Zustand als äußerst schlecht. Deshalb ließ er aus vielen Orten alle möglichen Ärzte und Chirurgen kommen. Ihre Meinung war, man müsse das Bein noch einmal brechen und die Knochen ein zweites Mal einrenken; denn, so erklärten sie, beim erstenmal seien sie schlecht eingerichtet worden oder sie hätten sich während des Transportes verschoben, deshalb seien sie nun nicht in der rechten Lage und so sei eine Heilung unmöglich. Daher machte man sich nun erneut an die ‚Schlächterei‘. Dabei — wie auch bei allen andern Eingriffen, die er zuvor schon durchgemacht hatte und später noch durchmachen sollte — kam kein Laut über seine Lippen, und er ließ sich den Schmerz nur dadurch anmerken, daß er seine Fäuste fest ineinander verkrampfte.

3 Trotzdem ging es ihm immer schlechter; er vermochte nicht mehr zu essen, und es traten die übrigen Anzeichen des nahen Todes auf. So kam der Tag des heiligen Johannes. Die Ärzte hatten kaum mehr Hoffnung auf eine Besserung, und so gab man ihm den Rat, zu beichten. Er empfing die Sakramente, und am Vorabend des Festes Peter und Paul sagten die Ärzte: wenn er bis Mitternacht keine Besserung fühle, müsse er sicher mit dem Tode rechnen. Der genannte Kranke hatte nun immer eine besondere Andacht zum heiligen Petrus gehabt; und deshalb war es der Wille unseres Herrn, daß er eben damals um Mitternacht sich besser zu fühlen begann. So rasche Fortschritte machte seine Genesung, daß man wenige Tage später der Ansicht war, er sei nun außer Todesgefahr.

4 Als nun die Knochen wieder fest miteinander zu-
sammengewachsen waren, blieb unterhalb seines Knies
ein Knochenstück über das andere geschoben. Deshalb
war dieses Bein kürzer als das andere, und das Knochenstück stand derart heraus, daß es ein häßlicher Anblick
war. Das konnte er nicht anstehen lassen, da er entschlossen war, seine weltliche Karriere fortzusetzen.
Da er nun meinte, daß jenes hervorstehende Knochenstück ihn entstelle, erkundigte er sich bei den Chirurgen, ob man es nicht entfernen könne. Sie antworteten,
es ließe sich schon abschneiden, aber die Schmerzen
dabei seien schlimmer als alles, was er bisher durchgemacht habe, da die Knochen schon fest miteinander verwachsen seien und man eine gute Zeit für
die Operation brauche. Trotzdem blieb er dabei, sich
auf eigenen Wunsch hin martern zu lassen, obgleich
sein älterer Bruder sich darüber entsetzte und meinte,
er selber würde es sich nicht unterfangen, solche
Schmerzen auf sich zu nehmen. Der Verwundete er-
trug das Ganze geduldig wie immer.

5 Nachdem nun das Fleisch und das überstehende
Knochenstück abgeschnitten waren, war man darauf
bedacht, verschiedene Mittel anzuwenden, damit das
Bein nicht gar so kurz bliebe. Man rieb es mit vielerlei
Salben ein und streckte das Bein beständig mit Vor-
richtungen, die ihn viele Tage lang quälten. Aber unser
Herr schenkte ihm die Genesung. Und so gründlich
war die Heilung, daß er sich sonst ganz wohlauf
fühlte, bloß konnte er sich nicht gut auf dem Bein
aufrecht halten. So war er gezwungen, zu Bett zu
bleiben. Da er auf die Lektüre von Büchern mit welt-
lichem und erfundenem Inhalt schon immer versessen
war — man nennt sie gewöhnlich Ritterromane —

und da er sich nun gesund genug fühlte, bat er um einige solcher Bücher, um sich damit die Zeit zu vertreiben. Jedoch fand sich in jenem Haus nichts von seiner üblichen Lektüre. Deshalb gab man ihm ein Leben Christi und eine Sammlung von Heiligenleben in spanischer Sprache.

6 In diesen Büchern las er oftmals; und in etwa begeisterte er sich für das, was er da geschrieben fand. Wenn er seine Lektüre unterbrach, richtete er manchmal seine Gedanken auf die Dinge, die er eben gelesen hatte, und dann wieder auf die Dinge der Welt, an die er früher immer gedacht hatte. Unter den vielen eitlen Gedanken, die sich ihm so aufdrängten, hatte besonders einer sein Herz in Beschlag genommen, so daß er sofort, ohne es zu merken, durch zwei und drei und vier Stunden hindurch wie versunken in diesen Gedanken war. Er stellte sich nämlich vor, was er im Dienst einer Dame zu tun habe, wie er es anstellen könne, um an ihren Aufenthaltsort zu gelangen, was für schöne Verse und welche Worte er zu ihr sagen werde und was für Waffentaten er in ihrem Dienst vollbringen wolle. So ganz hingegeben war er an diese Vorstellung, daß er gar nicht darauf achtete, wie unmöglich ihre Verwirklichung war. Denn die Dame war nicht von gewöhnlichem Adel oder bloß Gräfin oder Herzogin, sondern ihr Stand war viel höher als all dieses.

7 Jedoch kam ihm unser Herr zu Hilfe, indem Er derartigen Gedanken andere folgen ließ, die ihren Ausgangspunkt in dem hatten, was er eben las. Bei der Lektüre des Lebens unseres Herrn und der Heiligen machte er sich nämlich Gedanken und überlegte bei sich: Wie wäre es, wenn ich all das täte, was der hei-

lige Franziskus getan hat, oder das, was der heilige
Dominikus tat? Solche Überlegungen stellte er über
vielerlei an, was ihm gerade gut erschien. Dabei nahm
er sich immer schwierige und mühsame Aufgaben vor;
und wenn er sich solche vornahm, meinte er, in sich
Kraft genug zu finden, um sie auch wirklich durchzuführen. Seine ganze Überlegung bestand darin, daß
er zu sich selber sagte: Der heilige Dominikus hat dies
getan, also muß auch ich es tun; der heilige Franziskus
hat jenes getan, also muß auch ich es tun. Auch diese
Gedankengänge dauerten geraume Zeit an. Ihnen
folgten, wenn irgend etwas anderes dazwischenkam,
die weltlichen Gedanken, von denen schon zuvor die
Rede war, und auch bei diesen hielt er sich wieder
lange auf. Dieses Nacheinander so grundverschiedener
Gedankengänge dauerte bei ihm lange Zeit an, und
jeweils war er ganz in eben den Gedanken verloren,
der ihm gerade kam, waren es nun die weltlichen
Großtaten, die er zu vollbringen wünschte, oder jene
anderen Taten für Gott, die sich seiner Phantasie aufdrängten, bis er, müde geworden, wieder davon abließ
und sich anderem zuwandte.

8 Indessen gab es dabei diesen einen Unterschied: wenn
er sich mit weltlichen Gedanken beschäftigte, hatte er
zwar großen Gefallen daran; wenn er aber dann,
müde geworden, davon abließ, fand er sich wie aus-
getrocknet und mißgestimmt. Wenn er jedoch daran
dachte, barfuß nach Jerusalem zu gehen und nur noch
wilde Kräuter zu essen und alle andern Kasteiungen
auf sich zu nehmen, die, wie er las, die Heiligen auf
sich genommen hatten, da erfüllte ihn nicht bloß Trost,
solange er sich in solchen Gedanken erging, sondern er
blieb zufrieden und froh, auch nachdem er von ihnen

abgelassen hatte. Allerdings gab er darauf nicht acht, und er hielt nicht inne, um diesen Unterschied richtig einzuschätzen, bis ihm schließlich eines Tages die Augen darüber ein wenig aufgingen. So fing er endlich an, diese Verschiedenheit als merkwürdig zu empfinden und darüber nachzugrübeln. Aus seiner Erfahrung ergab sich ihm, daß er nach den einen Gedanken trübsinnig und nach den andern froh gestimmt blieb; und allmählich kam er dazu, darin die Verschiedenheit der Geister zu erkennen, die dabei tätig waren, nämlich einmal der Geist des Teufels und das andere Mal der Geist Gottes. Dies war die erste Überlegung, die er über die Dinge Gottes anstellte. Und als er später die Exerzitien verfaßte, begann er von hier aus Klarheit über die Lehre von der Verschiedenheit der Geister zu gewinnen.

9 Da er bei dieser Lektüre nicht wenig Erleuchtung erhielt, fing er an, ernster über sein vergangenes Leben nachzudenken, und er erkannte, wie notwendig es für ihn wäre, Buße dafür zu tun. Hier drängte sich ihm das Verlangen auf, die Heiligen nachzuahmen, wobei er nicht so sehr auf Einzelheiten einging, sondern sich einfachhin vornahm, mit der Gnade Gottes das zu tun, was jene getan hatten. Was er aber sofort nach seiner Genesung zu unternehmen plante, war bloß die Wallfahrt nach Jerusalem — wie schon zuvor erwähnt — mit so viel Bußübungen und Entsagungen, wie nur eine großmütige Seele, die von Gott entflammt ist, auf sich zu nehmen wünschen kann.

10 Die früheren Gedankengänge gerieten jetzt in Vergessenheit bei diesen heiligen Wünschen, die er in sich trug und die noch durch eine besondere Heimsuchung bestärkt wurden. Das trug sich so zu: Als er einmal

während der Nacht wach dalag, sah er klar ein Bild
Unserer Lieben Frau mit dem heiligen Jesuskind; bei
diesem Anblick empfand er für geraume Zeit ganz
außerordentlichen Trost. Und ein solcher Abscheu vor
seinem ganzen vergangenen Leben und besonders vor
den Sünden des Fleisches erfüllte ihn, daß er ver-
meinte, aus seiner Seele seien alle Vorstellungen verschwunden, die er früher in sie eingeprägt hatte. Von
jener Stunde an bis zum August 1553, da diese Zeilen
geschrieben werden, gab er daher niemals mehr, auch
nicht im geringsten, seine Zustimmung bei sinnlichen
Versuchungen. Wegen dieser Wirkung läßt sich sagen,
daß jene Vision von Gott gekommen ist, obgleich er
selbst es nicht mit Bestimmtheit zu behaupten wagte
und nur das eben Gesagte zur Bestätigung wiederholte.
Aber sein Bruder wie auch alle übrigen Bewohner des
Hauses konnten schon am äußeren Gehaben die Wand-
lung erkennen, die innerlich in seiner Seele vor sich
gegangen war.

11 Ohne sich um anderes zu kümmern, setzte er seine
Lektüre fort und blieb fest in seinen guten Vorsätzen.
Und die Zeit, in der er sich mit den Hausgenossen
unterhielt, verwandte er nur für göttliche Dinge, wo-
durch er ihnen geistlichen Nutzen brachte. Da er
großes Gefallen an jenen Büchern fand, kam ihm der
Gedanke, einige der wichtigsten Stellen aus dem Leben
Christi und aus den Heiligenleben kurz zusammen-
zustellen. So machte er sich daran, mit großer Sorgfalt
ein Buch vollzuschreiben, das ungefähr dreihundert
ganz beschriebene Blätter in Quartformat enthielt —
er konnte sich nämlich schon etwas im Hause herum-
bewegen —, und zwar schrieb er die Worte Christi mit
roter Tinte und die Unserer Lieben Frau mit blauer. Das

Papier war fein geglättet und liniert. Und er schrieb mit schönen Buchstaben, da er ein sehr gewandter Schriftkünstler war. Seine Zeit verbrachte er so teils mit Schreiben, teils mit Beten. Und den größten Trost empfing er, wenn er den Himmel und die Sterne betrachtete, was er sehr häufig und jeweils lange Zeit hindurch tat. Denn dabei fühlte er in sich eine ganz große Begeisterung, unserem Herrn zu dienen. Oftmals dachte er an seinen Vorsatz und wünschte nur, bald ganz gesund zu sein, um sich auf den Weg machen zu können.

12 Da er nun bei sich erwog, was er nach seiner Rückkehr aus Jerusalem tun solle, um beständig ein Leben der Buße zu führen, kam ihm der Gedanke, dann in die Kartause von Sevilla einzutreten, ohne dabei zu verraten, wer er sei, damit man ihn für um so geringer einschätze, und dort von nichts anderem als bloß von Kräutern zu leben. Aber wenn er dann wieder seine früheren Gedanken an die vielerlei Bußübungen aufnahm, die er, in der Welt umherziehend, auf sich nehmen wollte, erkaltete sein Verlangen nach der Kartause. Er befürchtete nämlich, er könne dort nicht den Haß, den er gegen das eigene Ich gefaßt hatte, ganz befriedigen. Trotzdem beauftragte er einen Diener des Hauses, der gerade nach Burgos ging, dort Erkundigungen über die Kartäuserregel einzuholen; und die Nachricht, die er darüber erhielt, dünkte ihm ausgezeichnet. Indes bekümmerte er sich nicht weiter darum wegen des eben angeführten Grundes, und weil er gänzlich von dem Gedanken an die Wallfahrt in Beschlag genommen war, die er bald durchzuführen hoffte, während jener andere Plan ja erst nach der Rückkehr zu überlegen war. Als er wieder einige

Lebenskraft in sich verspürte, schien es ihm vielmehr an der Zeit zum Aufbruch zu sein, und er sprach zu seinem Bruder: „Mein Herr, Ihr wißt, der Herzog von Nájera hat bereits erfahren, daß es mir wieder besser geht; es wird gut sein, daß ich nach Navarrete reise." Denn dort hielt sich gerade der Herzog auf. Der Bruder und einige andere Familienmitglieder vermuteten, daß er irgendeine grundlegende Änderung in seiner Lebensweise durchführen wolle. Der Bruder führte ihn von einem Zimmer zum andern, und mit dem Ausdruck größter Bestürzung bat er ihn, er solle doch sein Leben nicht wegwerfen; vielmehr möge er doch bedenken, wieviel man noch von ihm erwarte und was er noch leisten könne. So und mit anderen ähnlichen Worten suchte er ihn von dem guten Vorsatz abzubringen, den er gefaßt hatte. Aber seine Antwort war so gehalten, daß er, ohne jedoch die Wahrheit zu verletzen — denn in diesem Punkt war er schon damals sehr gewissenhaft —, seinen Bruder im unklaren über seine Pläne ließ.

ZWEITES KAPITEL

Der Beginn der Pilgerfahrt

13 Auf einem Maultier ritt er fort. Bis Oñate wollte ihn einer seiner Brüder begleiten. Unterwegs beredete er diesen, eine Nachtwache bei Unserer Lieben Frau von Aránzazu zu halten. In jener Nacht betete er dort inständig, um neue Kraft für seinen Weg zu schöpfen. In Oñate ließ er dann seinen Bruder bei ihrer Schwester zurück, die sie dort besuchten, und ritt selber

weiter nach Navarrete. Seit dem Tag der Abreise aus seiner Heimat geißelte er sich regelmäßig jede Nacht. Es kam ihm in Erinnerung, daß man ihm am Hof des Herzogs noch einige Dukaten schuldig sei; und er hielt es für richtig, diese Schuld zu beheben. Deshalb schrieb er einen Zettel an den Schatzmeister. Der aber antwortete, es sei kein Geld da. Der Herzog erfuhr davon, und er sagte, es möge an Geld für alles andere fehlen, jedoch für einen Loyola solle es daran nicht mangeln. Er wollte ihm im Hinblick auf seinen früher gewonnenen hervorragenden Ruf eine ansehnliche Kommandostelle übertragen, wenn er sie nur annehmen wolle. Er erhob nun das Geld und gab Auftrag, einen Teil an bestimmte Personen zu überweisen, denen gegenüber er sich noch verpflichtet fühlte, und den Rest bestimmte er zugunsten eines Bildes Unserer Lieben Frau, das in schlechtem Zustand war, damit man es wieder herrichte und prächtig ausschmücke. Er entließ die beiden Diener, die ihn bisher begleitet hatten, und machte sich allein auf seinem Maultier auf die Weiterreise von Navarrete nach dem Montserrat.

14 Auf dieser Wegstrecke hatte er ein Erlebnis, das berichtenswert sein dürfte, um besser zu verstehen, wie unser Herr mit dieser Seele verfuhr, die noch ganz blind war trotz des großen Verlangens, Ihm zu dienen auf alle Weise, so gut er es nur verstand. Er hatte sich ja dazu entschlossen, schwere Bußwerke auf sich zu nehmen; und zwar schaute er bereits nicht mehr so sehr darauf, für seine Sünden Genugtuung zu leisten, sondern vielmehr darauf, Gott einen Gefallen zu tun und Ihm Freude zu machen. Der Abscheu vor den Sünden seiner Vergangenheit war so groß, und das Verlangen, aus Liebe zu Gott Großtaten zu verrichten,

war so lebendig, daß er bei seinen Bußwerken, die zu verrichten er sich vorgenommen hatte, gar nicht besonders an seine Sünden dachte. Und dabei machte er sich nicht ausdrücklich klar, daß diese ihm ja schon vergeben waren. Wenn er also daran dachte, sich einer Bußübung zu unterziehen, die die Heiligen auf sich genommen hatten, nahm er sich vor, wenigstens dasselbe, wenn nicht noch mehr fertigzubringen. Solche Gedanken waren der einzige Trost seiner Seele; er hatte noch keinen Blick für innere Werte und verstand nicht, was Demut, Liebe, Geduld eigentlich seien. Und er kannte jenes Gespür für Gottes Willen noch nicht, das diese Tugenden zu lenken und ins rechte Maß zu bringen hat. Vielmehr ging seine ganze Absicht nur darauf, diese äußerlich sichtbaren Großtaten einzig deswegen zu verrichten, weil solches auch die Heiligen zur Verherrlichung Gottes getan hatten; und dabei achtete er gar nicht auf irgendwelche besondere Voraussetzungen.

15 Wie er nun seines Weges dahinzog, holte ihn ein Maure ein, der auf einem Maultier ritt. Im Dahinreiten redeten die beiden miteinander, und dabei kamen sie auch auf Unsere Liebe Frau zu sprechen. Der Maure meinte, er wolle zwar noch glauben, daß die Jungfrau empfangen habe, ohne einen Mann zu erkennen; aber daß sie nach der Geburt noch Jungfrau geblieben sei, das könne er nicht mehr glauben. Und er führte für seine Ansicht all die bloß natürlichen Gründe an, die er nur finden konnte. Obgleich nun der Pilger ihm viele Gegenbeweise vorbrachte, ließ er sich doch nicht von seiner Meinung abbringen. Der Maure war dann so eilig zugeritten, daß er ihn aus den Augen verlor, während er noch ganz in Gedanken über das Gespräch

mit dem Mauren versunken war. Dabei überkam ihn eine innere Erregung, die seine Seele mit sich selber sehr unzufrieden sein ließ. Denn er glaubte, seine Pflicht nicht genügend getan zu haben, und zugleich regte sich in ihm ein großer Unwille gegen den Mauren, da es ihm schien, er habe schlecht gehandelt, daß er einen Mauren derartige Dinge über Unsere Liebe Frau aussprechen ließ. Er hielt es für seine Pflicht, für ihre Ehre einzutreten. So überkam ihn das Verlangen, dem Mauren nachzuspüren und ihm dafür einige Dolchstiche zu versetzen, daß er solche Worte gesagt habe. Durch geraume Zeit dauerte der Widerstreit der verschiedenen Meinungen in seiner Seele an, und zu guter Letzt blieb er immer noch unschlüssig, ohne zu wissen, was er eigentlich nun zu tun hätte. Bevor der Maure noch vorausgeritten war, hatte er ihm gesagt, sein Reiseziel sei ein Ort, der ein Stück weiter in der Richtung seines eigenen Weges liege, und zwar ganz in der Nähe der Hauptstraße, die aber selbst nicht durch jenen Ort hindurchführte.

16 So hatte er bei sich lange hin und her überlegt, was hier eigentlich zu tun wäre. Aber er wurde sich nicht klar darüber, wozu er sich entschließen sollte. Da beschloß er nun folgendes: sein Maultier ohne Benützung der Zügel bis zu dem Punkt gehen zu lassen, wo der Weg von der Hauptstraße abzweigt; wenn dann das Maultier den Weg zu dem Dorf einschlüge, dann würde er den Mauren aufspüren und ihm einige Dolchstiche versetzen; zöge es aber nicht in der Richtung zum Dorf, sondern auf der Hauptstraße weiter, dann wolle er ihn in Ruhe lassen. Da er nun seinen Plan durchführte, fügte es unser Herr, daß das Maultier auf der Heerstraße weiterging und nicht den Weg

zum Dorf nahm, obwohl die Ansiedlung kaum mehr als dreißig oder vierzig Schritt abseits lag und der Weg, der zu ihr hinführte, ziemlich breit und bequem war. Schließlich kam er in einen größeren Ort am Fuß des Montserrats. Dort wollte er sich das Gewand beschaffen, das er fernerhin zu tragen beabsichtigte und in dem er die Wallfahrt nach Jerusalem machen wollte. So kaufte er sich ein Stück grobgewebten und ganz rauhen Stoffes, aus dem man gewöhnlich Säcke herstellt, und ließ sich daraus sofort ein langes Gewand machen, das bis zu den Füßen reichte. Er erstand ferner einen Reisestock und eine Kürbisflasche und befestigte alles vor dem Sattel des Maultiers. Außerdem kaufte er sich einige Hanfschuhe, von denen er jedoch immer bloß einen trug, und zwar nicht aus Bequemlichkeit, sondern weil das eine Bein ganz mit einem Verband umwickelt und in ziemlich üblem Zustand war. Obwohl er ritt, war es jeden Abend geschwollen, und deshalb hielt er es für notwendig, an diesem einen Fuß einen Schuh zu tragen.

17 Er setzte seinen Weg zum Montserrat fort. Und wie bisher immer, war er in Gedanken mit den Großtaten beschäftigt, die er aus Liebe zu Gott verrichten wollte. Da sein ganzer Sinn noch von jenen Geschichten des Amadís de Gaula und anderer Romane dieser Art erfüllt war, kamen ihm einige ähnliche Gedanken. Daher beschloß er, eine ganze Nacht lang vor dem Altar Unserer Lieben Frau vom Montserrat in seinen Waffen Wache zu halten, ohne sich niederzusetzen oder hinzulegen, teils aufrecht stehend, teils kniend. Er hatte den Entschluß gefaßt, dort dann seine bisherigen Kleider abzulegen und das Wappenkleid Christi anzuziehen. Nachdem er nun von jenem Ort

aufgebrochen war, ritt er so dahin und dachte, wie es seine Gewohnheit war, nur an seine Vorsätze. Auf dem Montserrat angekommen, betete er lange und besprach sich mit einem Beichtvater. Dann legte er eine schriftlich aufgezeichnete Generalbeichte ab, und diese Beichte dauerte drei Tage. Er machte auch mit dem Beichtvater aus, dieser solle dafür Sorge tragen, daß das Maultier weggeführt werde und daß man in der Kirche am Altar Unserer Lieben Frau das Schwert und den Dolch aufhänge. Dieser Beichtvater war der erste, dem er seinen Entschluß mitteilte; denn bis dahin hatte er noch keinem anderen Beichtvater seine Pläne verraten.

18 Am Vortag des Festes Unserer Lieben Frau im März des Jahres 1522 ging er mitten in der Nacht so unauffällig, wie es nur möglich war, zu einem Bettler. Er legte alle seine Kleider ab und schenkte sie diesem Bettler. Dann zog er sein so sehr ersehntes neues Gewand an und ging wieder hin, um sich vor dem Altar Unserer Lieben Frau auf die Knie zu werfen. Teils kniend, teils stehend verbrachte er die ganze Nacht dort mit seinem Pilgerstab in der Hand. Beim Tagesgrauen verließ er den Ort, um nicht erkannt zu werden, und zog weiter, nicht auf dem geraden Weg nach Barcelona, wo er mit vielen zusammentreffen müßte, die ihn kannten und ihn ehrenvoll aufnehmen würden; sondern er bog vom geraden Weg ab zu einem Ort namens Manresa, wo er einige Tage lang in einem Armenspital zu bleiben gedachte. Als er so schon eine Meile vom Montserrat entfernt war, holte ihn ein Mann ein, der ihm in aller Eile nachgelaufen war, und frug ihn, ob er wirklich einige Kleidungsstücke einem Bettler geschenkt habe, wie dieser be-

hauptete. Und da er mit Ja antwortete, füllten sich seine Augen mit Tränen aus Mitleid mit dem Bettler, dem er die Kleider geschenkt hatte. Es überkam ihn Mitleid, denn er begriff, daß man jenen belästigt habe in der Annahme, er habe die Kleider gestohlen. Sosehr er aber jede Beachtung mied, konnte er sich doch nicht lange in Manresa aufhalten, ohne daß sich die Leute außerordentliche Geschichten über ihn erzählten; das, was sich auf dem Montserrat ereignet hatte, gab den Anlaß zu diesen Gerüchten. Bald nahm das Gerede so zu, daß man mehr behauptete, als in Wirklichkeit vorlag: er habe ein so und so großes Einkommen aufgegeben, und anderes mehr.

DRITTES KAPITEL

In der Schule Gottes

19 In Manresa bettelte er jeden Tag um Almosen. Er aß kein Fleisch und trank keinen Wein, selbst wenn man ihm welchen schenkte. An den Sonntagen fastete er nicht und trank ein bißchen Wein, wenn man ihm solchen gab. Und da er früher entsprechend der Gepflogenheit jener Zeit sehr auf die Pflege seines Haares bedacht war und er noch immer eine schöne Frisur hatte, beschloß er nun, es einfach wachsen zu lassen, wie es wolle, ohne es zu kämmen oder zu schneiden oder irgendwie während der Nacht oder bei Tag zu bedecken. Aus dem gleichen Grund ließ er auch die Zehen- und Fingernägel wachsen, da er ebenfalls dafür früher besondere Sorgfalt aufgewendet hatte. Während seines Aufenthaltes in diesem Armenspital er-

lebte er häufig, daß er am hellichten Tag irgend etwas in der Luft nahe bei sich sah, was ihm großen Trost schenkte, da es ausnehmend prächtig anzuschauen war. Er konnte nicht genau erkennen, was es eigentlich für eine Sache sei. Aber irgendwie schien es ihm, als ob es die Gestalt einer Schlange hätte mit vielen Punkten, die wie Augen aufleuchteten, obwohl es keine eigentlichen Augen waren. Er hatte großes Gefallen und großen Trost beim Anblick dieser Erscheinung. Und je öfter er sie schaute, desto größer wurde seine innere Tröstung. Wenn aber jene Erscheinung seinen Augen entschwand, empfand er darüber großen Kummer.

20 Bis zu diesem Zeitpunkt hatte er sich durchwegs in einem ausgeglichenen inneren Zustand befunden. Beständig spürte er in sich eine gleichmäßig große Freude und kannte sich doch noch gar nicht in den Fragen des inneren, geistlichen Lebens aus. In diesen Tagen nun, in denen sich jene Erscheinung so häufig wiederholte — und das geschah während ziemlich vieler Tage —, oder kurz bevor sie zum erstenmal auftrat, überfiel ihn übermächtig ein Gedanke, der ihm sehr zusetzte. Vor seine Seele traten nämlich die Schwierigkeiten seines derzeitigen Lebens, und es war, als ob jemand in seinem Inneren zu ihm sagte: Wie wirst du ein derartiges Leben aushalten können während der siebzig Jahre, die du noch zu leben hast? Aber darauf erwiderte er, gleichfalls in seinem Inneren, mit einer großen Entschiedenheit, denn er merkte wohl, daß die Frage vom bösen Feind kam: Du Elender, kannst du mir auch nur eine einzige Stunde, die ich noch zu leben hätte, wirklich zusichern? So überwand er die Versuchung und blieb innerlich wieder ruhig. Dies war die erste Versuchung, die ihn nach dem, was zuvor be-

richtet wurde, überkam. Das Ganze ereignete sich, als
er eben eine Kirche betreten wollte, wo er täglich das
Hochamt, die Vesper und die Komplet, die dort
jeweils gesungen wurden, hörte. Und er verspürte
dabei großen Trost. Gewöhnlich las er bei der Messe
die Leidensgeschichte. Und seine innere Ausgeglichenheit dauerte an.

21 Aber bald nach der eben erwähnten Versuchung begann er in seiner Seele einen merklichen Wandel zu
verspüren. Einmal fand er sich so unlustig, daß er
gar keine Freude mehr am Chorgebet, bei der Mitfeier
der Messe oder an anderen Gebetsübungen hatte, die
er verrichtete. Und ein andermal überkam ihn wieder
genau das Gegenteil von dem, und zwar so plötzlich,
daß es ihm dünkte, die Traurigkeit und Trostlosigkeit
seien ihm abgenommen worden, wie man einem anderen Menschen einen Mantel von dessen Schultern ab-
nimmt. Da fing er an, diesen Wechsel, den er früher
nie bemerkt hatte, staunend zu beobachten, und er
meinte bei sich: Was für ein neuartiges Leben soll das
werden, das wir jetzt beginnen? In dieser Zeit unterhielt er sich indes ab und zu mit religiös interessierten
Leuten, die ihn sehr schätzten und mit ihm zu verkehren wünschten. Zwar hatte er noch keine tiefere
Kenntnis des geistlichen Lebens, aber es zeigte sich in
seinem Reden ein großer Eifer und eine feste Entschlossenheit, im Dienste Gottes Fortschritte zu machen.
Es lebte damals in Manresa eine betagte Frau, die seit
langer Zeit einzig und allein Gott treu diente. Sie war
deswegen weithin in Spanien bekannt, und sogar der
Katholische König hatte sie einmal rufen lassen, um
ihr einige Anliegen vorzutragen. Als nun diese Frau
sich eines Tages mit dem jungen Streiter Christi be-

sprach, sagte sie zu ihm: „Möchte es doch meinem
Herrn Jesus Christus gefallen, daß Er Euch eines
Tages erscheine!" Darüber erschrak er aber sehr, da
er dieses Wort ganz wörtlich nahm: „Wie sollte gerade mir Jesus Christus erscheinen?" Er behielt auch
hier seine Gewohnheit bei, jeden Sonntag zu beichten
und zu kommunizieren.

22 Dabei hatte er nun viele Plagen mit Skrupeln auszustehen. Zwar war seine Generalbeichte, die er auf dem
Montserrat abgelegt hatte, mit soviel Sorgfalt und
sogar schriftlich, wie schon berichtet wurde, vorbereitet
gewesen. Aber immer wieder glaubte er, einige Dinge
nicht gebeichtet zu haben, und das bedrückte ihn sehr.
Auch wenn er dies und jenes in der Beichte nachholte,
wurde er deswegen nicht ruhiger. So machte er sich
daran, einige im geistlichen Leben bewanderte Männer
ausfindig zu machen, die ihn von seinen Skrupeln hei-
len sollten. Aber nichts konnte ihm helfen. Schließlich
sagte ihm ein Doktor an der Kathedralkirche, ein sehr
frommer Mann, der gewöhnlich dort die Predigten
hielt, eines Tages während der Beichte, er solle alles,
woran er sich erinnern könne, aufschreiben. Er führte
das aus, und trotzdem kamen ihm nach der Beichte
erneut Skrupel, die sich von Mal zu Mal immer mehr
in Einzelheiten verloren. Dadurch befand er sich in
einem ganz niedergeschlagenen Zustand. Zwar wußte
er wohl, daß jene Skrupel ihm nur zum großen Scha-
den waren und daß es besser wäre, sich von ihnen
frei zu machen. Aber er konnte nicht mit ihnen fertig
werden. Einige Male kam ihm der Gedanke, es sei
wohl das beste Mittel dagegen, wenn ihm sein Beichtvater im Namen Jesu Christi einfachhin befehle, nichts
mehr aus der Vergangenheit in seinen Beichten vorzu-

bringen. Und er wünschte sehr einen solchen kategorischen Befehl des Beichtvaters. Jedoch brachte er nicht den Mut dazu auf, um dies dem Beichtvater zu sagen.

23 Indes kam der Beichtvater, ohne daß er ihn beeinflußt hätte, von selbst darauf, ihm zu befehlen, er solle nichts mehr aus der Vergangenheit in der Beichte erwähnen, falls es sich nicht um eine ganz eindeutige Sünde handle. Da er jedoch alles aus der Vergangenheit für ganz eindeutig hielt, half ihm dieser Befehl also nichts, und er blieb auch weiterhin von seinen Skrupeln geplagt. In jener Zeit wohnte der Genannte in einer kleinen Zelle, die ihm die Dominikaner in ihrem Kloster zur Verfügung gestellt hatten. Er betete täglich auf den Knien sieben Stunden, stand regelmäßig um Mitternacht auf und führte alle übrigen schon erwähnten Frömmigkeitsübungen weiter. Aber bei all dem fand er kein Mittel gegen seine Skrupel, und diese Qual dauerte schon durch mehrere Monate. Einmal, als er besonders davon bedrückt war, begann er mit einem solchen Ungestüm zu beten, daß er plötzlich zu Gott laut und mit Worten aufschrie: „Hilf Du mir, Herr; den bei keinem Menschen und bei keinem Geschöpf kann ich irgendwelche Hilfe finden. Keine Mühe wäre mir zu groß, wenn ich damit erhoffen dürfte, irgendwie Hilfe zu finden. Zeige Du mir den Weg, Herr, wo ich sie finden kann. Selbst wenn ich einem Hündlein nachlaufen müßte, um von ihm Hilfe zu bekommen, würde ich es sofort tun."

24 In dieser Seelenverfassung kamen ihm oftmals gar heftige Versuchungen, sich durch ein großes Loch, das im Boden der Zelle war, in die Tiefe zu stürzen; es war unmittelbar neben dem Platz, wo er seine Gebete verrichtete. Wie er jedoch sich bewußt wurde, daß

Selbstmord eine Sünde wäre, fing er erneut an zu
schreien: „Mein Herr, ich will nichts tun, was Dich
beleidigen könnte." Und er wiederholte diese wie auch
die früheren Worte oftmals. Da kam ihm die Geschichte eines Heiligen in Erinnerung, der ohne jede
Speise blieb, um von Gott etwas zu erlangen, was er
heiß ersehnte, und zwar so viele Tage lang, bis er
erhört wurde. Darüber dachte er eine geraume Zeit
nach, und schließlich entschloß er sich, dasselbe zu tun.
So nahm er sich vor, nichts mehr zu essen und nichts
zu trinken, bis daß Gott ihm helfen würde oder bis
er sich unmittelbar am Rand des Grabes sähe. Denn
wenn es zum Äußersten kommen sollte, so daß er
sofort sterben müßte, falls er nicht etwas zu sich
nähme, dann wollte er — das war sein Entschluß —
noch um etwas Brot bitten und davon essen, wie wenn
er, unmittelbar dem Tode nahe, überhaupt noch etwas
hätte erbitten oder essen können.

25 Dieser Gedanke kam ihm an einem Sonntag, nachdem er kommuniziert hatte. Die ganze folgende Woche
hielt er durch, ohne auch nur das Geringste zu sich zu
nehmen, und dabei unterließ er keine seiner gewohnten Übungen, nicht einmal die Teilnahme am Chorgebet, und verrichtete weiter auf den Knien seine Gebete, auch die mitten in der Nacht, und so weiter. Am
folgenden Sonntag ging er wie immer zur Beichte. Da
er dem Beichtvater alles, was er tat, bis in die kleinsten
Einzelheiten zu berichten gewohnt war, sagte er ihm
auch dieses Mal, daß er während der ganzen Woche
überhaupt nichts gegessen habe. Der Beichtvater befahl
ihm, dieses Fasten aufzugeben. Zwar fühlte er sich
noch kräftig genug, aber er gehorchte dem Beichtvater,
und an jenem Tage und am folgenden Montag fühlte

er sich frei von Skrupeln. Indes fing es am dritten Tag — es war am Dienstag — während des Betens wieder damit an, daß er an seine Sünden denken mußte. Wie man etwas an einem Faden aufreiht, so überdachte er Sünde um Sünde seines vergangenen Lebens, und er glaubte, er müsse sie sofort noch einmal beichten. Als Beschluß all dieser Gedanken überkam ihn ein Gefühl des Abscheus vor dem Leben, das er jetzt führte, und zugleich ein starker Drang, es ganz aufzugeben. Das war das Mittel, mit dem der Herr ihn gleichsam wie aus einem tiefen Schlaf aufwecken wollte. Da er bereits einige Erfahrung über die Verschiedenheit der Geister aus den Unterweisungen gezogen hatte, die Gott ihm bisher gegeben hatte, begann er genauer zu überlegen, auf welche Weise jener böse Geist sich eingeschlichen hatte. Mit großer innerer Sicherheit war er nun entschlossen, nichts mehr aus dem vergangenen Leben zu beichten. So blieb er von jenem Tage an frei von derartigen Skrupeln, und er war davon überzeugt, daß unser Herr ihn aus Gnade und Barmherzigkeit davon befreit hatte.

26 Außer den sieben Stunden Gebet gab er sich damit ab, einigen Seelen, die ihn aufsuchten, in Fragen des geistlichen Lebens Hilfe zu leisten. Was ihm vom Tag sonst noch übrigblieb, verwandte er, um an göttliche Dinge zu denken und an das, was er gerade an dem betreffenden Tage im Gebet erwogen oder gelesen hatte. Wenn er sich zum Schlaf niederlegte, kamen ihm jedoch oftmals tiefe Erkenntnisse und große geistliche Tröstungen. Auf diese Weise verlor er ein gutes Stück der Zeit, die er für den Schlaf bestimmt hatte, und das war nicht gerade viel. Darüber dachte er einige Male nach, und schließlich kam er bei sich zu dem Er-

gebnis, er habe so und so viele Zeit sich vorgenommen, um mit Gott zu verkehren, und darüber hinaus noch die Zeit, die vom sonstigen Tagewerk übrigblieb. Deshalb kamen ihm Bedenken, ob jene Erkenntnisse überhaupt vom guten Geiste seien, und er zog die Folgerung daraus, daß es besser wäre, sich überhaupt nicht um sie zu kümmern und die festgesetzte Zeit zu schlafen. Und so tat er auch.

27 Den vollen Verzicht auf Fleischspeisen führte er weiterhin durch, und er war darin so fest entschlossen, daß er eine Änderung für gänzlich unmöglich hielt. Da geschah es eines Tages in der Frühe, als er eben aufgestanden war, daß ihm eine Fleischspeise so deutlich erschien, wie wenn er sie mit leibhaftigen Augen sehen könnte, und zwar ohne daß irgendein Verlangen danach sich zuvor in ihm geregt hatte. Zugleich damit überkam ihn eine nachdrückliche Willenszustimmung, von nun an wieder Fleisch zu essen. Zwar war er sich seines früheren Vorsatzes wohl bewußt; aber er vermochte an der Bedeutung der Erscheinung nicht zu zweifeln, sondern konnte nur den Entschluß fassen, wieder Fleischspeisen zu essen. Als er dies später seinem Beichtvater berichtete, meinte dieser, er solle gut prüfen, ob es vielleicht nicht doch eine Versuchung gewesen sei. Jedoch konnte er bei gründlicher Nachprüfung keinerlei Zweifel über seinen Entschluß verspüren.

In dieser Zeit behandelte ihn Gott auf die gleiche Weise, wie ein Schullehrer beim Unterricht ein Kind behandelt. Mag nun der Grund dafür seine Unerfahrenheit und sein unausgebildetes Verständnis gewesen sein oder die Tatsache, daß er keinen anderen Lehrmeister hatte, oder sein fester Willensentschluß, ganz

Gott zu dienen, den Er ihm selber eingegeben hatte:
auf jeden Fall hielt er es für klar erwiesen — und dies
blieb seither immer seine Ansicht —, daß Gott mit
ihm auf solche Weise verfuhr. Und falls er daran
Zweifel hätte, würde er eher vermeinen, Gottes Maje-
stät zu beleidigen. In etwa läßt sich dies aus den folgenden fünf Abschnitten erkennen.

28 Erstens: Er hatte eine große Andacht zur Heiligsten
Dreifaltigkeit. So betete er jeden Tag besonders zu
jeder der Drei Personen. Und da er auch zur Heiligsten Dreifaltigkeit noch eigens betete, kam ihm die
Frage, wieso er denn vier Gebete an die Dreifaltigkeit richte. Aber dieses Problem machte ihm wenig
oder überhaupt kein Beschwer, da es für ihn eine Sache
von nur geringer Bedeutung war. Eines Tages stand
er nun auf den Treppenstufen eben jenes Klosters und
betete die Tagzeiten Unserer Lieben Frau; da wurde
sein Verstand plötzlich über sich selbst erhoben, wie
wenn er die Heiligste Dreifaltigkeit unter der Gestalt
von drei Orgeltasten erschauen dürfte, und dies war
von so viel Tränen und Seufzern begleitet, daß er
ihrer nicht mehr Herr werden konnte. Und während
er dann am gleichen Morgen in einer Prozession mit-
ging, die von dort ihren Anfang nahm, vermochte er
seine Tränen die ganze Zeit hindurch nicht zurück-
zuhalten, und das dauerte bis zum Mittagessen. Und
auch nach dem Essen konnte er von nichts anderem
sprechen als von der Heiligsten Dreifaltigkeit, und
zwar unter vielerlei und immer neuen Vergleichen und
mit großer innerer Freude und Trost. Für sein ganzes
Leben blieb ihm seitdem dieser Eindruck, eine ganz
besondere Andacht in sich zu spüren, sooft er ein Gebet zur Heiligsten Dreifaltigkeit verrichtete.

29 Zweitens: Ein andermal stellte sich seinem Verstande dar — begleitet von großer geistlicher Freude —, wie Gott die Welt erschaffen hatte. Das erschien ihm, wie wenn er etwas Hellglänzendes sähe, aus dem einige Strahlen ausgingen und woraus Gott das Licht erschuf. Aber er konnte diese Erlebnisse nicht näher deuten und behielt auch jene geistlichen Erkenntnisse, die Gott in jenen Tagen in seine Seele einsenkte, nicht ganz klar in seiner Erinnerung.

Drittens: In dem gleichen Manresa, wo er ungefähr ein Jahr lang blieb, gab er jene früher geübten Strengheiten auf, seitdem er Gottes reichen Trost einmal spürte und die Frucht sah, die er im Verkehr mit Menschen in deren Seelen erreichte. Er schnitt sich wieder die Nägel und die Haare. Als er eines Tages in diesem Ort in der Kirche des erwähnten Klosters war, um die Messe zu hören, und als eben der Leib des Herrn erhoben wurde, sah er mit den Augen seiner Seele etwas wie hellglänzende Strahlen, die von obenher kamen. Zwar vermag er auch dies nach so langer Zeit nicht mehr weiter auszuführen. Aber was er damals mit seinem Verstand erschaute, war ganz eindeutig dies, daß er sah, wie Jesus Christus, unser Herr, im allerheiligsten Sakrament gegenwärtig ist.

Viertens: Oftmals und durch lange Zeit schaute er während des Betens mit den Augen seiner Seele die Menschheit Christi. Und die Gestalt, unter der sie ihm erschien, war wie ein glänzender Körper, der nicht besonders groß noch besonders klein war, aber er konnte nicht die einzelnen Glieder erkennen. Dies erschaute er in Manresa oftmals. Wenn er sagen wollte, dies sei zwanzig- oder vierzigmal geschehen, würde er nicht zu behaupten wagen, daß dies eine Übertreibung wäre. Ein weiteres Mal hat er dies noch gesehen bei seinem Aufenthalt in Jerusalem und ein andermal auf dem Weg in der Nähe von Padua. Auch Unsere Liebe Frau hat er auf ähnliche Weise geschaut, ohne Einzelheiten zu erkennen. Das, was er damals in Erscheinungen sah, bestärkte ihn sehr und gab ihm für immer eine solche Sicherheit im Glauben, daß er oftmals bei sich dachte: auch wenn es keine Heilige Schrift gäbe, die uns diese Glaubenswahrheit lehrt, wäre er entschlossen, für sie zu sterben, einzig auf Grund der Tatsache, daß er dies geschaut hatte.

30 Fünftens: Einmal führte ihn seine Andacht zu einer Kirche, die etwas mehr als eine Meile von Manresa entfernt war und — wie ich glaube — den Namen des heiligen Paulus trug. Der Weg dorthin führt dem Fluß entlang. In Andacht versunken, ging er so dahin und setzte sich eine kleine Weile nieder mit dem Blick auf den Fluß, der tief unten dahinfloß. Wie er nun so dasaß, begannen die Augen seines Verstandes sich ihm zu eröffnen. Nicht als ob er irgendeine Erscheinung gesehen hätte, sondern es wurde ihm das Verständnis und die Erkenntnis vieler Dinge über das geistliche Leben sowohl wie auch über die Wahrheiten des Glaubens und über das menschliche Wissen geschenkt. Dies war von einer so großen Erleuchtung begleitet, daß ihm alles in neuem Licht erschien. Und das, was er damals erkannte, läßt sich nicht in Einzelheiten darstellen, obgleich es deren sehr viele waren. Nur daß er eine große Klarheit in seinem Verstand empfing. Wenn er im ganzen Verlauf seines Lebens nach mehr als zweiundsechzig Jahren alles zusammennimmt, was er von Gott an Hilfen erhalten und was er jemals gewußt hat, und wenn er all dies in eines faßt, so hält

er dies alles doch nicht für so viel, wie er bei jenem einmaligen Erlebnis empfangen hat. Dieses Ereignis war so nachdrücklich, daß sein Geist wie ganz erleuchtet blieb. Und es war ihm, als sei er ein anderer Mensch geworden und habe einen anderen Verstand erhalten, als er früher besaß.

31 Nachdem dies eine gute Weile gedauert hatte, warf er sich vor einem Kreuz, das dort in der Nähe stand, auf die Knie nieder, um Gott zu danken. Und ebendort erschien ihm wieder die Vision, die er schon oftmals gehabt hatte und die er doch nie richtig erkennen konnte, das heißt jenes Ding, von dem vorher schon die Rede war und das ihm sehr schön und mit vielen Augen besetzt erschien. Aber jetzt vor dem Kreuz sah er deutlich, daß jenes Etwas nicht die gleiche Farbenpracht wie früher trug. Und er empfing nun eine ungemein klare Erkenntnis darüber, daß jenes Etwas ein Bild des Teufels war, und dies war begleitet von einer festen Zustimmung des Willens. Und da späterhin sich die gleiche Erscheinung noch mehrmals durch lange Zeit hindurch wiederholte, verjagte er sie zum Zeichen seiner Geringschätzung mit dem Stock, den er gewöhnlich in seiner Hand trug.

32 Einmal war er in Manresa krank. Ein ungemein heftiges Fieber brachte ihn dem Tode nahe, so daß er sicher glaubte, seine Seele werde bald von hinnen scheiden. Dabei überkam ihn nun ein Gedanke, der ihm einflüsterte, er sei doch ein heiliger Mann. Dieser Gedanke plagte ihn so sehr, daß er nichts anderes mehr tat, als ihn innerlich abzulehnen und seine Sünden sich ins Bewußtsein zu rufen. Und diese Einbildung quälte ihn mehr als das Fieber selbst. Aber er brachte es nicht fertig, Herr über diesen Gedanken zu werden, sosehr

er sich auch mühte, ihn zu überwinden. Als dann das Fieber ein wenig nachgelassen hatte und er nicht mehr in der unmittelbaren Todesgefahr war, legte er sehr nachdrücklich einigen Damen, die zu einem Krankenbesuch gekommen waren, nahe, sie sollten doch um der Liebe Gottes willen, falls sie ihn ein andermal wieder dem Tode so nahe sähen, ihm laut die Worte in die Ohren schreien: „Du Sünder!" und: „Denke ja an die Beleidigungen Gottes, die du verübt hast!"

33 Ein andermal — es war auf hoher See bei der Überfahrt von Valencia nach Italien inmitten eines starken Sturmes — zerbrach das Steuerruder des Schiffes. Die Lage wurde äußerst gefährlich, so daß man nach seiner und der meisten Schiffsgefährten Ansicht nur mehr durch ein Wunder dem Tode entgehen konnte. In diesem Augenblick erforschte er genau sein Gewissen und suchte sich auf den Tod vorzubereiten. Und auch damals vermochte er in sich keine Furcht wegen seiner Sünden oder vor der Verdammung zu finden. Aber darüber war er sehr beschämt und hatte großen Reueschmerz, daß er nach seinem Urteil die Gaben und Gnaden nicht gut verwandt hatte, die Gott unser Herr ihm geschenkt hatte.

Im Jahre 1550 lag er ein weiteres Mal an einer sehr heftigen Krankheit danieder. Nach seinem eigenen Urteil und dem vieler anderer war es die Todeskrankheit. Im Gedanken an den Tod hatte er damals eine solche Freude und so viel geistlichen Trost, da er nun sterben sollte, daß er ganz in Tränen zerfloß. Und dies wurde zu einer so beständigen Erscheinung, daß er oftmals aufhörte, an den Tod zu denken, um das Übermaß jener Tröstung zu vermeiden.

34 Mit Beginn des Winters wurde er wieder von einer

schweren Krankheit befallen, und um der besseren
Pflege willen brachte ihn die Stadtverwaltung im Haus
des Vaters eines gewissen Ferrera unter, der später
Diener bei Balthasar de Faria war. Dort wurde er mit
großer Sorgfalt gepflegt. Aus Verehrung, die mehrere
Damen aus den ersten Kreisen bereits zu ihm gefaßt
hatten, hielten diese nachts Krankenwache bei ihm.
Auch als er von dieser Krankheit genesen war, blieb
er immer noch sehr schwach und hatte häufig mit
Magenschmerzen zu tun. Aus diesem Grund sowohl
wie auch wegen der großen Winterkälte veranlaßte
man ihn, sich richtig zu kleiden und Schuhe zu tragen
und den Kopf zu bedecken. So brachte man ihn dazu,
zwei graue einfache Röcke aus einem ganz groben
Stoff und eine Mütze von gleicher Qualität als Kopfbedeckung anzunehmen. In jener Zeit gab es oftmals
Tage, an denen er ein großes Verlangen danach trug,
über geistliche Dinge zu sprechen und Menschen zu
finden, die dafür aufgeschlossen wären. Allmählich
kam der Zeitpunkt näher, den er sich für die Abreise
nach Jerusalem vorgenommen hatte.

35 So brach er denn zu Anfang des Jahres 1523 nach
Barcelona auf, um dort an Bord eines Schiffes zu
gehen. Obgleich sich ihm mehrere Möglichkeiten einer
Reisegesellschaft anboten, wollte er doch lieber allein
reisen. Denn sein ein und alles war, Gott allein als
Zuflucht zu haben. Eines Tages redeten einige gar sehr
auf ihn ein, er solle sich doch ja einer bestimmten
Reisegesellschaft anschließen, da er weder die italienische noch die lateinische Sprache verstehe; und sie wie-
sen darauf hin, wieviel Hilfe er damit fände, und
waren voll des Lobes über jene Gruppe. Da sagte er,
selbst wenn es der Sohn oder der Bruder des Herzogs

von Cardona wäre, würde er nicht in seiner Begleitung die Reise machen. Denn er wünsche drei Tugenden ganz zu besitzen: Liebe, Glaube und Vertrauen.
Falls er nun die Reise in Begleitung von jemandem
mache, würde er von diesem Hilfe erwarten, wenn er
einmal Hunger haben sollte; und wenn er einmal
stürze, würde er damit rechnen, daß sein Begleiter ihm
wieder auf die Beine helfe. So würde er also sein Vertrauen auf diesen setzen, und wegen solcher Rücksichten würde er ihm dann seine Zuneigung schenken.
Nun aber wolle er solches Vertrauen und solche Zuneigung und Hoffnung einzig und allein auf Gott
setzen. Was er ungefähr mit diesen Worten sagte, war
wirklich die Überzeugung seines Herzens. Entsprechend diesen Überlegungen war er gewillt, nicht bloß
allein, sondern auch ohne jeden Mundvorrat an Bord
zu gehen. Wie er sich nun um einen Schiffsplatz bemühte, erreichte er zwar vom Kapitän des Schiffes,
daß er ihn umsonst mitnähme, da er keinen Pfennig
Geld habe; aber jener stellte die Bedingung, daß er
seine Ration Zwieback als Zehrung auf das Schiff mit-
zubringen habe, andernfalls ließe man ihn um keinen
Preis der Welt an Bord.

36 Da er sich diesen Schiffszwieback besorgen wollte,
kamen ihm große Bedenken: so sieht also das Vertrauen und der Glaube aus, die du auf Gott allein
setzen wolltest, Er würde dich nie im Stiche lassen?
und andere solche Gedanken, und zwar so nachdrücklich, daß er sehr damit geplagt war. Schließlich wußte
er überhaupt nicht mehr, was er tun solle, da er durchaus vernünftige Gründe für das eine wie für das andere sah. So entschloß er sich, die Entscheidung in die
Hände seines Beichtvaters zu geben. Er legte ihm also

dar, wie sehr er danach verlange, das Vollkommenere zu tun und das, was mehr zur Ehre Gottes sei, und erklärte ihm die Gründe, die ihn daran zweifeln ließen, ob er die Reisezehrung mit sich an Bord nehmen sollte. Der Beichtvater entschied, er solle ruhig das Notwendige zusammenbetteln und es mit sich nehmen. Wie er nun eine Dame um Unterstützung bat, frug sie ihn, wohin er denn reisen wolle. Einen Augenblick lang zögerte er, ob er es ihr sagen sollte. Schließlich unterstand er sich nicht, ihr mehr zu sagen als bloß, daß die Reise nach Italien und Rom gehen werde. Worauf sie, fast entsetzt, zur Antwort gab: „Nach Rom wollt Ihr gehen? Ja, wer dorthin geht, kommt ich weiß nicht wie zurück!" Und damit wollte sie sagen, daß man in Rom kaum Fortschritte im geistlichen Leben machen könne. Der Grund, weshalb er nicht einfachhin zu sagen wagte, er mache eine Wallfahrt nach Jerusalem, war die Furcht vor eitler Einbildung. Diese Furcht beherrschte ihn derart, daß er sich nie anzugeben getraute, aus welchem Lande und aus welcher Familie er stamme. Schließlich hatte er seinen Zwieback beisammen und ging an Bord. Unterwegs am Strand entdeckte er bei sich noch fünf oder sechs ‚Weißpfennige', den Rest von dem, was man ihm gegeben hatte, als er von Tür zu Tür betteln ging — das war ja damals seine gewohnte Lebensweise —, und er ließ sie auf einer Bank liegen, die nahe am Strand stand.

37 Er ging an Bord nach einem Aufenthalt von rund drei Wochen in Barcelona. Noch in Barcelona, bevor er die Seereise antrat, suchte er entsprechend seiner Gewohnheit alle Personen mit Erfahrung im geistlichen Leben auf, um sich mit ihnen zu besprechen, selbst wenn sie

weit draußen vor der Stadt in einer Einsiedelei wohnten. Aber weder in Barcelona noch in Manresa konnte
er in all der Zeit, die er dort verweilte, jemanden
treffen, der ihm so geholfen hätte, wie er es selber
wünschte. Höchstens jene Frau von Manresa, von der
vorhin schon die Rede war, die ihm nämlich gesagt
hatte, sie habe zu Gott gebetet, daß Jesus Christus
ihm erscheinen möge: nur jene Frau also war nach
seiner Meinung etwas tiefer in das geistliche Leben
eingedrungen. Daher verlor sich nach seiner Abreise
aus Barcelona jenes ängstliche Drängen nach einem
Zusammentreffen mit religiös interessierten Personen
gänzlich.

VIERTES KAPITEL

Im Heiligen Land

38 Sie hatten einen so starken Rückenwind, daß sie von
Barcelona in fünf Tagen und Nächten bis nach Gaeta
kamen. Allerdings waren alle dabei sehr in Angst
wegen des heftigen Sturmes. In dem ganzen Land dort
fürchtete man sich vor der Pest. Indes machte er sich
sofort nach der Landung auf den Weg nach Rom. Von
seinen Reisebegleitern auf dem Schiff schlossen sich
ihm eine Frau und deren Tochter, die Knabenkleider
trug, und noch ein weiterer Bursche an. Diese wollten
mit ihm reisen, da sie gleichfalls nur von Almosen zu
leben gedachten. Wie sie nun zu einem Bauerngehöft
kamen, fanden sie dort ein großes Lagerfeuer und
viele Soldaten darum, die ihnen zu essen und Wein zu
trinken gaben. Und sie waren so zudringlich zu ihnen,
daß es schien, als hätten jene die Absicht, sie be-

schwipst zu machen. Später trennte man sie voneinander. Die Mutter und die Tochter wurden in eine Kammer im Oberstock gewiesen, während der Pilger und der Junge in einen Stall kamen. Aber gegen Mitternacht hörte er, wie dort im Oberstock lautes Geschrei ertönte. Er sprang auf, um zu sehen, was los sei, und fand die Mutter und die Tochter unten im Hof tränenüberströmt und jammernd, man wolle sie vergewaltigen. Da überkam ihn ein unheimlicher Zorn, und er schrie die Soldaten an: „So etwas muß man sich bieten lassen!" und andere derartige Vorwürfe. Das brachte er so wirkungsvoll heraus, daß die ganze Besatzung des Hauses wie gelähmt war und keiner auch nur das geringste gegen ihn unternahm. Der Bursche war schon auf und davon geflohen; so machten sie sich nun zu dritt noch in der Nacht auf den Weiterweg.

39 Sie kamen an eine Stadt, die in der Nähe lag. Aber sie fanden die Stadttore verschlossen und konnten nicht hineingehen. So verbrachten alle drei jene Nacht in einem regennassen Kirchlein in der Nähe. Auch am anderen Morgen wollte man ihnen das Stadttor nicht öffnen. Und außerhalb der Stadt konnten sie kein Almosen auftreiben, obwohl sie noch zu einem Kastell gingen, das nicht zu weit entfernt zu sein schien. Dort fühlte sich der Pilger nach der Seekrankheit und all den anderen Anstrengungen so schwach, daß er nicht mehr weitergehen konnte und dort blieb. Die Mutter und die Tochter machten sich allein auf den Weiterweg in Richtung Rom. An jenem Tag strömte viel Volk aus der Stadt heraus. Er wußte, daß die Landesfürstin dorthin käme. So stellte er sich ihr vor und erklärte ihr, seine Krankheit sei bloß eine Schwäche,

und er bitte um die Erlaubnis, die Stadt betreten zu dürfen, um dort irgendeine Medizin zu erstehen. Ohne Schwierigkeit gab sie ihre Zustimmung. So bettelte er denn in der Stadt von Tür zu Tür und bekam viele Groschen zusammen. Zwei Tage blieb er dort zur Erholung, dann machte er sich wieder auf den Weg und kam am Palmsonntag in Rom an.

40 Dort suchten alle, die mit ihm sprachen, ihm die Wallfahrt auszureden, da sie wußten, daß er kein Geld für die Reise nach Jerusalem habe. Und sie erklärten ihm mit vielen Gründen, daß es einfachhin unmöglich sei, einen Schiffsplatz ohne Bezahlung zu finden. Dagegen fühlte er eine so große Sicherheit in seiner Seele, daß er diese Bedenken nicht zu teilen vermochte, sondern fest damit rechnete, er werde schon eine Reisegelegenheit nach Jerusalem finden. Er hatte noch den Segen des Papstes Adrian VI. erhalten, dann brach er in Richtung Venedig auf, acht oder neun Tage nach dem Osterfest. Doch hatte er sechs oder sieben Dukaten bei sich, die man ihm für die Überfahrt von Venedig nach Jerusalem geschenkt hatte. Er hatte sie angenommen, noch etwas beeindruckt von den ängstlichen Vorstellungen, die man ihm machte, daß er andernfalls nicht an sein Reiseziel käme. Indes, zwei Tage nach dem Aufbruch von Rom ging ihm langsam auf, daß dies ein ausgesprochener Mangel an Vertrauen war, von dem er sich hatte leiten lassen. Wie ein Gewicht legte es sich ihm auf die Seele, daß er die Dukaten angenommen hatte, und er überlegte, ob er sie nicht einfach irgendwo liegenlassen sollte. Schließlich entschloß er sich, sie großzügig an die Leute auszuteilen, die ihm begegneten und die zumeist arme Teufel waren. Das tat er nun so ausgiebig, daß er bei seiner Ankunft

in Venedig nur mehr einige Groschen bei sich trug, die er für jene Nacht notwendig brauchte.

41 Auf diesem Marsch bis Venedig schlief er indes wegen der ausgestellten Pestwachen unter Arkaden. Einmal passierte es ihm, daß er am frühen Morgen beim Aufstehen mit irgendeinem Mann zusammentraf, der bei seinem Anblick mit dem Zeichen größten Erschreckens auf und davon lief, ein Beweis dafür, wie farblos und blaß er damals ausgeschaut haben mußte.

So wanderte er dahin und kam nach Chioggia, zusammen mit einigen Reisegefährten, die sich ihm angeschlossen hatten. Er wußte, daß man sie nicht nach Venedig hineinlassen werde. Die Begleiter entschlossen sich darauf, nach Padua zu gehen, um sich dort eine Gesundheitsbescheinigung ausstellen zu lassen. So ging auch er mit ihnen. Aber er konnte nicht mehr mit ihnen Schritt halten, denn sie hatten ein gutes Marschtempo und ließen ihn vor Einbruch der Dunkelheit allein auf einem weiten Feld zurück. Dort erschien ihm Christus in der Weise, wie Er ihm auch sonst erschien — wir haben schon früher davon gesprochen —, und schenkte ihm neue Kraft. Durch diese Tröstung gestärkt, kam er am Morgen des folgenden Tages an das Stadttor von Padua, ohne erst einen Ausweis zu fälschen, wie seine Begleiter es meines Wissens getan hatten. Vielmehr betrat er die Stadt, ohne daß die Wachposten ihn nach irgend etwas fragten. Ebenso erging es ihm beim Verlassen der Stadt. Nicht wenig waren darüber seine Reisebegleiter überrascht, die sich bereits eine Bescheinigung besorgt hatten, um nach Venedig zu kommen. Aber er kümmerte sich gar nicht darum.

42 Bei der Ankunft in Venedig kamen sofort die Wach-

soldaten auf die Barke, um alle Fahrgäste, die im Boote waren, einen nach dem anderen, zu überprüfen. Bloß um ihn allein kümmerten sie sich nicht. Seinen Lebensunterhalt erbettelte er sich in Venedig und schlief auf dem Sankt-Markus-Platz. Auf keinen Fall wollte er in den Palast des kaiserlichen Gesandten gehen. Und er gab sich auch keine besondere Mühe, die notwendigen Geldmittel für die Überfahrt aufzutreiben. Vielmehr trug er in seinem Herzen eine so große Gewißheit, daß Gott ihm eine Gelegenheit zu besorgen hätte, um nach Jerusalem zu kommen. Und diese Gewißheit machte ihn in seinem Entschluß so unerschütterlich fest, daß keinerlei Gegengründe und Befürchtungen, die man ihm vortrug, in ihm irgendwelche Bedenken aufkommen lassen konnten.

Eines Tages traf ihn ein reicher Spanier. Dieser fragte ihn, was er tue und wohin er eigentlich reisen wolle. Als er seinen Plan erfahren hatte, nahm er ihn mit zu Tisch in sein Haus, und dann behielt er ihn einige Tage bei sich, bis man sich zur Abreise rüstete. Schon seit der Zeit von Manresa hatte der Pilger die Gepflogenheit, nie bei Tisch, wenn er mit anderen zusammen speiste, etwas zu sagen, es sei denn höchstens eine kurze Antwort. Vielmehr hörte er zu, was man sprach, und daraus suchte er ein paar Gedanken heraus, die ihm einen Anknüpfungspunkt geben konnten, um über Gott zu reden. Und nach der Mahlzeit begann er damit.

43 Das war auch der Grund, weshalb der wackere Mann mit seiner ganzen Familie ihm so zugetan war, daß sie ihn unbedingt bei sich behalten wollten und ihn geradezu zwangen, in ihrem Hause Wohnung zu nehmen. Eben dieser Gastgeber brachte ihn zum Dogen von

Venedig, damit er mit diesem sprechen könne, das heißt: er verschaffte ihm die Erlaubnis zum Eintritt in den Palast und eine Audienz. Als der Doge den Pilger angehört hatte, gab er Befehl, man solle ihm einen Platz auf dem Schiff anweisen, mit dem die Regierungsbeamten nach Zypern fuhren.

Zwar waren in jenem Jahr ziemlich viele Jerusalempilger nach Venedig gekommen. Doch die Mehrzahl von ihnen war wieder in ihre Heimat zurückgekehrt angesichts der neuen Lage, die durch die Einnahme von Rhodos entstanden war. Immerhin waren es noch dreizehn auf dem Pilgerschiff, das zuerst in See stach, und acht oder neun blieben noch für das Regierungsschiff zurück. Dieses war gerade abfahrtsbereit, als unseren Pilger eine schwere Fiebererkrankung befiel. Einige Tage lang nahm ihn das Fieber ziemlich mit, dann ließ es nach, und eben an dem Tag, da er ein Abführmittel genommen hatte, sollte das Schiff in See stechen. Die Leute im Hause fragten den Arzt, ob er mit dem Schiff nach Jerusalem abfahren könne, worauf der Arzt meinte, er könne ruhig an Bord gehen, falls er sich dort auch begraben lassen wolle. Trotzdem ging er an Bord, und man fuhr noch am gleichen Tage ab. Er erbrach sich derart, daß er sich sehr erleichtert fühlte, und das war der Beginn seiner vollständigen Genesung. Auf dem Schiff kamen einige schmutzige Geschichten und offensichtliche Obszönitäten vor, wogegen er sich mit großer Heftigkeit wandte.

44 Seine spanischen Reisegefährten machten ihn aufmerksam, er solle nicht derart vorgehen. Denn die Schiffsbesatzung beratschlage schon, ihn auf irgendeiner Insel zurückzulassen. Indes kamen sie mit der Gnade unseres Herrn rasch nach Zypern, wo man jenes Schiff ver-

ließ und auf dem Landweg nach einem anderen Hafen, namens Las Salinas, zog, der zehn Meilen von dort entfernt war. Hier ging man an Bord des Pilgerschiffes, auf das er für seinen Lebensunterhalt wiederum nichts anderes mitbrachte als das Vertrauen, das er auf Gott setzte, so wie er es schon bei dem anderen Schiff getan hatte. In dieser ganzen Zeit erschien ihm oftmals unser Herr, der ihm große Tröstung und Kraft schenkte. Er glaubte, ein großes rundes Etwas zu schauen, das wie aus Gold gemacht war. Diese Erscheinung hatte er nach der Abfahrt von Zypern. Man kam endlich nach Jaffa, und den Weg nach Jerusalem legte man wie üblich auf Eseln zurück. Ungefähr zwei Meilen vor Jerusalem sagte ein offensichtlich adeliger Spanier, mit Namen Diego Manes, mit innerer Ergriffenheit zu den übrigen Pilgern: da sie nun in wenigen Minuten zu dem Punkt kämen, von wo aus sie die Heilige Stadt schauen könnten, wäre es wohl angebracht, daß sich jeder innerlich vorbereite und daß man in Stillschweigen weiterziehe.

45 Allen dünkte dieser Vorschlag gut, und ein jeder suchte sich nun zu sammeln. Kurz bevor sie zu dem Punkt kamen, von wo die Stadt zu sehen ist, saßen sie ab, da sie eine Gruppe von Mönchen mit einem Kreuz sahen, die sie erwarteten. Beim Anblick der Stadt empfand der Pilger eine große Tröstung. Und das war nach Aussage der anderen Pilger bei allen der Fall. Dazu kam eine innere Freude, die ihm nicht mehr rein natürlich erschien. Die gleiche Ergriffenheit verspürte er, sooft er die heiligen Stätten besuchte.
Sein fester Entschluß war, für immer in Jerusalem zu bleiben und nur noch jene heiligen Stätten zu besuchen. Außerdem hatte er sich vorgenommen, neben dieser Frömmigkeitsübung sich auch noch der Seelenhilfe zu

widmen. Aus diesem Grund hatte er einige Emp-
fehlungsschreiben an den Guardian bei sich, die er ihm
nun übergab, wobei er ihm seine Absicht mitteilte,
dort um seiner persönlichen Andacht willen zu bleiben.
Aber er sagte nichts von seiner zweiten Absicht, daß
er nämlich den Seelen helfen wolle. Denn davon sprach
er mit niemandem, während er den ersten Plan schon
des öfteren erzählt hatte. Der Guardian gab ihm zur
Antwort, es sei ihm nicht klar, wie sich sein Hier-
bleiben durchführen lassen könne, da das Kloster in
einer derartigen Notlage sei, daß es nicht einmal alle
Mönche versorgen könne. Aus diesem Grund sei er
auch entschlossen, einige der Mönche mit den Pilgern
nach Europa zurückzuschicken. Der Pilger entgegnete,
er wolle ja überhaupt nichts vom Kloster, außer daß
man seine Beichte höre, wenn er ab und zu käme, um
zu beichten. Darauf meinte der Guardian, auf diese
Weise ließe es sich wohl machen. Aber er solle noch
abwarten, bis der Provinzial komme, der meines
Wissens der Obere für jenes ganze Gebiet war und der
sich gerade in Bethlehem aufhielt.

46 Mit dieser Zusicherung gab sich der Pilger zufrieden,
und er machte sich daran, verschiedene Briefe nach
Barcelona an seine geistlichen Freunde zu schreiben.
Wie er nun schon mit dem einen Brief fertig war und
gerade den zweiten beginnen wollte — es war an dem
Tag, bevor die Pilger wieder aufbrachen —, rief man
ihn im Auftrag des Provinzials und des Guardians,
da jener eben zurückgekommen war. Der Provinzial
sprach zu ihm mit wohlmeinenden Worten: er habe
seine lobenswerte Absicht erfahren, in der Nähe jener
heiligen Stätten zurückzubleiben; er habe reiflich über
die ganze Angelegenheit nachgedacht; auf Grund der

Erfahrungen, die er früher schon machen mußte, sei er aber der Meinung, daß sein Plan nicht angehe. Denn viele andere hätten schon den gleichen Wunsch gehabt; teils seien sie aber als Sklaven gefangengenommen worden, teils gestorben. Und dann hätte der Orden die Verpflichtung, die Gefangenen loszukaufen. Deshalb solle er sich bereithalten, mit den andern Pilgern am folgenden Tag zurückzureisen. Darauf antwortete er: er habe einmal diesen ganz festen Entschluß und er sei der Meinung, er dürfe um nichts auf der Welt davon ablassen, ihn auch durchzuführen. Und er gab unter Wahrung des Taktes zu verstehen, er werde seinen Plan wegen keinerlei Rücksichten aufgeben, auch wenn er dem Provinzial nicht gut erscheine, falls dieser ihn nicht unter Sünde dazu verpflichte. Darauf sagte ihm der Provinzial, sie hätten vom Apostolischen Stuhl die Vollmacht, nach ihrem Gutdünken zu bestimmen, wer fortgehen müsse und wer dableiben könne; sie könnten den exkommunizieren, der nicht gehorchen wolle, und in seinem Fall seien sie der Meinung, daß er nicht dableiben dürfe, und anderes dergleichen.

47 Wie er ihm noch die päpstlichen Bullen zeigen wollte, auf Grund deren sie die Exkommunikation verhängen könnten, sagte er, es sei nicht nötig, sie zu sehen, denn er schenke Seiner Hochwürden vollen Glauben. Er werde ihnen gehorchen, da sie nun einmal auf Grund ihrer Autorität so befunden hätten, die ihnen verliehen war. Am Ende dieser Unterredung ging er zu dem Platz zurück, wo er sich zuvor aufgehalten hatte. Da überkam ihn ein großes Verlangen, noch einmal vor seiner Abreise den Ölberg zu besuchen, da es nun einmal nicht der Wille unseres Herrn sei, daß er bei jenen heiligen Stätten auf Dauer bliebe. Auf dem Ölberg

gibt es einen Felsen, von dem aus unser Herr gen Himmel auffuhr, und man sieht dort heute noch die eingedrückten Fußspuren. Das war es, was er noch einmal sehen wollte. So trennte er sich von den übrigen, ohne etwas verlauten zu lassen und ohne einen Führer zu nehmen — dabei läuft jeder große Gefahr, wer ohne einen Türken als Führer unterwegs ist —, und ging ganz allein auf den Ölberg. Die Wache wollte ihn nicht hineinlassen. Er gab ihnen ein Federmesser aus dem Schreibzeug, das er bei sich hatte. Wie er nun dort sein Gebet mit großem inneren Trost verrichtet hatte, kam ihm der Wunsch, noch nach Bethphage zu gehen. Als er dort war, fiel ihm wieder ein, daß er auf dem Ölberg nicht genau hingeschaut habe, an welcher Stelle der rechte Fußabdruck und wo der linke war. So kehrte er dorthin zurück und gab, soviel ich weiß, seine Schere den Wächtern, damit sie ihn noch einmal eintreten ließen.

48 Wie es nun im Kloster bekannt wurde, daß er so ohne Führer fortgegangen war, trafen die Mönche verschiedene Anstalten, um ihn zu suchen. Als er vom Ölberg herunterkam, traf er mit einem sogenannten Gürtelchristen zusammen, der im Kloster beschäftigt war. Dieser drohte unter allen Zeichen einer großen Wut, mit einem dicken Stock auf ihn einzuschlagen. Wie er zu ihm kam, packte er ihn heftig am Arm, er aber ließ sich ohne Widerstreben fortführen. Trotzdem ließ ihn der gute Mann keinen Augenblick mehr los. Auf diesem Weg empfing er, ein Gefangener des Gürtelchristen, von unserem Herrn große Tröstungen, und es war ihm, als sehe er ständig Christus über sich. Dies dauerte in überreichem Maße an, bis sie zum Kloster kamen.

FÜNFTES KAPITEL

Gefahrvolle Rückreise

49 Am folgenden Tage brachen sie auf, und nach der Ankunft auf Zypern verteilten sich die Pilger auf verschiedene Schiffe. Im Hafen lagen drei oder vier Schiffe nach Venedig; eines war ein türkisches, das zweite ein ganz kleiner Kahn, das dritte ein prächtiges und stolzes Schiff eines reichen Venezianers. Den Kapitän dieses dritten Schiffes baten nun einige Pilger, er möchte doch den Pilger mitnehmen. Aber da jener wußte, daß er kein Geld hatte, wollte er nicht, so sehr man ihn auch bestürmte, über den Pilger nur Gutes berichtete und so fort. Der Kapitän gab zur Antwort, wenn er wirklich ein Heiliger sei, solle er so die Reise machen, wie sie einst der heilige Jakobus gemacht habe, oder eine ähnliche Bemerkung. Ohne Schwierigkeiten erreichten aber die gleichen Bittsteller die Zustimmung des Kapitäns des kleinen Schiffes. Bei günstigem Wind segelten sie nun eines Tages in der Frühe ab. Am Abend kam aber ein Sturm auf, der sie voneinander trennte. Das große Schiff ging in unmittelbarer Nähe der Inselgruppe von Zypern unter, und nur die Leute konnten sich retten. Der Türke ging auch beim gleichen Sturm unter, und zwar mit Mann und Maus. Der kleine Kahn hatte allerdings auch viel auszustehen, und schließlich kam man an der apulischen Küste an Land. Das ganze im tiefsten Winter! Es war bitter kalt, und es schneite. Der Pilger hatte nichts anderes auf dem Leib als eine Hose aus rauhem Stoff, die ihm bis zu den Knien ging und die Beine nackt ließ, ein Paar Schuhe, eine Jacke aus schwarzem Tuch, die nicht schloß und die an den Schultern ganz

zerrissen war, und dazu noch einen abgeschabten kurzen Überrock.

50 Mitte Januar des Jahres 1524 kam er in Venedig an, nachdem er von Zypern ab den ganzen Monat November, Dezember und die erste Hälfte des Januar auf See festgehalten war. In Venedig traf ihn einer jener zwei Männer, die ihn vor seiner Abfahrt nach Jerusalem bei sich aufgenommen hatten. Er gab ihm als Almosen fünfzehn oder sechzehn Julier und ein Stück Wolltuch, das er mehrfach zusammenfaltete und wegen der großen Kälte, die eben herrschte, als Leibbinde trug.

Seitdem der genannte Pilger erkannt hatte, daß es nicht der Wille Gottes sei, auf Dauer in Jerusalem zu bleiben, überlegte er beständig bei sich, was er nun tun solle. Schließlich kam er immer mehr zu der Überzeugung, er solle eine Zeitlang studieren, um den Seelen helfen zu können. Er entschloß sich, nach Barcelona zu gehen, und so brach er von Venedig nach Genua auf. Eines Tages war er zu Ferrara in der Kathedrale, um seine Gebete zu verrichten. Da erbat ein armer Mann ein Almosen von ihm, und er gab ihm einen Marchetto — das ist eine Münze im Wert von fünf oder sechs Quattrinen. Nach diesem Bettler kam ein zweiter, dem er eine andere, noch etwas größere Münze gab, die er bei sich hatte. Und dem dritten gab er, da er nur noch Julier hatte, einen solchen. Wie die Bettler merkten, daß er so ohne weiteres Almosen verteilte, kamen sie in Scharen. Und so war alles Geld, das er bei sich hatte, rasch aufgebraucht. Zum Schluß kam noch eine ganze große Gruppe von Bettlern, um Almosen zu heischen. Er antwortete, sie möchten ihm verzeihen, daß er nun gar nichts mehr habe.

51 Von Ferrara zog er in Richtung nach Genua weiter. Unterwegs traf er einige spanische Soldaten, die ihn an jenem Abend wohl versorgten. Sie wunderten sich sehr, wie er jenen Weg zurücklegen wolle, da er fast genau mitten zwischen den beiden Heeren, dem französischen und dem kaiserlichen, hindurchmußte. Sie baten ihn dringend, die Heerstraße zu verlassen und einen anderen, sichereren Weg zu wählen, den sie ihm beschrieben. Aber er ging auf ihren Rat nicht ein. Vielmehr zog er geraden Weges weiter, traf auf einen niedergebrannten und zerstörten Ort, und bis zum Abend konnte er niemanden finden, der ihm eine Kleinigkeit zu essen gegeben hätte. Um die Zeit des Sonnenuntergangs kam er zu einer befestigten Ortschaft, die Wachen verhafteten ihn sofort in der Annahme, er sei ein Spion. Sie brachten ihn in eine Hütte in der Nähe des Tores und fingen mit dem Verhör an, wie man es gewöhnlich bei verdächtigen Personen tut. Auf alle ihre Fragen gab er zur Antwort, er wisse von gar nichts. Sie zogen ihn aus, und bis auf die Schuhe untersuchten sie ihn und den ganzen Körper aufs genaueste, um zu sehen, ob er nicht etwas Schriftliches bei sich trage. Da sie trotz all ihrer Mühe nichts entdecken konnten, packten sie ihn, um ihn zu ihrem Hauptmann zu schleppen; denn dieser würde ihn sicher zum Reden bringen. Er bat sie, sie möchten ihn mit seinem Mantel bekleidet vorführen, aber sie wollten ihm den nicht geben und schleppten ihn, nur mit Hose und Jacke bekleidet, die bereits beschrieben wurden, fort.

52 Bei diesem Gang war es dem Pilger, als ob ihm jener

Augenblick gegenwärtig würde, da man Christus fort-
schleppte. Dies war aber nicht wie sonst eine eigentliche Vision. Man führte ihn durch drei große Straßen,
und er schritt dahin ohne jegliche Betrübnis, vielmehr
voller Freude und innerer Zufriedenheit. Er hatte die
Gewohnheit, jeden, gleichgültig wer es war, mit ‚Ihr‘
anzusprechen. Denn er hatte die fromme Meinung, daß
Christus und die Apostel und andere Heilige so gesprochen hätten. Wie er nun so durch diese Straßen
schritt, ging ihm der Gedanke durch den Kopf, ob es
nicht besser sei, diese Gewohnheit in einem so gefährlichen Augenblick aufzugeben und den Hauptmann
mit ‚Euer Gnaden‘ anzureden. Und dabei hatte er
einige Furcht vor Quälereien und dergleichen, was die
Soldaten ihm antun könnten. Aber wie er merkte, daß
dies eine Versuchung war, sagte er sich: da es nun
einmal so steht, will ich ihn nicht mit ‚Euer Gnaden‘
ansprechen noch ihm irgendeine Ehrenbezeigung erweisen noch vor ihm die Kopfbedeckung abnehmen.

53 Man kam nun zum Hause des Hauptmanns. Dort ließ
man ihn in einem niederen Zimmer allein. Kurz darauf sprach der Hauptmann ihn an. Ohne die geringste
Form an Höflichkeit zu zeigen, antwortete er mit
knappen Worten und machte zwischen jedem Wort
eine beachtliche Pause. Der Hauptmann hielt ihn für
einen Narren, und so sagte er zu denen, die ihn her-
beigeführt hatten: „Dieser Mensch ist nicht ganz recht
bei sich, gebt ihm seine Sachen wieder und schmeißt
ihn hinaus!“ Kaum war er aus dem Haus heraus, traf
er einen Spanier, der dort lebte. Dieser nahm ihn mit
sich nach Hause und ließ ihm eine Stärkung und alles
Notwendige für die Nacht geben. Am Morgen brach
er wieder auf und wanderte bis zum Nachmittag. Da

erblickten ihn zwei Soldaten, die auf einem Turm postiert waren und nun hinabstiegen, um ihn zu ergreifen. Sie brachten ihn zu ihrem Hauptmann, der ein Franzose war. Der Hauptmann fragte ihn unter anderem, aus welcher Gegend er stamme. Und wie er hörte, daß er aus Guipúzcoa sei, sagte er zu ihm: „Ich stamme ganz aus der Nähe von dort" — vermutlich war er aus der Gegend von Bayonne —, und dann sagte er: „Nehmt ihn mit und gebt ihm zu essen und behandelt ihn gut!" Auf diesem Marsch von Ferrara nach Genua überstand er noch manch andere, weniger wichtige Erlebnisse. Schließlich kam er nach Genua, wo ihn ein baskischer Landsmann namens Portundo erkannte, der mit ihm manchmal geredet hatte, als er noch am Hof des Katholischen Königs in Dienst gestanden war. Dieser besorgte ihm nun eine Fahrgelegenheit auf einem Schiff, das nach Barcelona fuhr. Auf dieser Überfahrt bestand große Gefahr, daß er von Andrea Doria gefangengenommen würde, der auf das Schiff Jagd machte; denn dieser stand damals in französischen Diensten.

SECHSTES KAPITEL

Auf der Schulbank

54 Nach der Ankunft in Barcelona besprach er mit Isabel Roser und mit einem gewissen Magister Ardévol, der Grammatikunterricht gab, seinen Plan, zu studieren. Beiden erschien diese Absicht sehr gut. Dieser erbot sich, ihm unentgeltlich Unterricht zu erteilen, während jene ihm alles zum Lebensunterhalt Notwendige geben

wollte. Der Pilger kannte nun in Manresa einen Mönch, ich glaube, er war aus dem Orden des heiligen Bernhard, einen wirklichen Geistesmann; und bei ihm wollte er sich zum Studium aufhalten, um dort zugleich sich besser dem geistlichen Leben widmen und auch den Seelen helfen zu können. Daher gab er zur Antwort, daß er das Angebot gerne annehme, falls er in Manresa nicht die erwartete günstigere Möglichkeit finden sollte. Als er aber dorthin kam, erfuhr er, daß der Mönch gestorben war. Daher kehrte er nach Barcelona zurück und begann das Studium mit allem Eifer. Indes behinderte ihn dabei etwas gar sehr: wenn er nämlich auswendig lernen wollte, wie dies zu Anfang des Gramatikunterrichtes notwendig ist, überkamen ihn neuartige Einsichten in Dingen des geistlichen Lebens und neuartige Tröstungen, und zwar in einer solchen Stärke, daß er nicht mehr auswendig lernen konnte, und trotz aller Anstrengungen vermochte er diese nicht loszuwerden.

55 Darüber machte er sich oftmals seine Gedanken und sagte sich: nicht einmal wenn ich wirklich beim Beten bin oder bei der Messe, überkommen mich derart lebhafte Einsichten. Ganz allmählich merkte er so, daß dies alles nur Versuchung war. So begab er sich denn, nachdem er zuvor gebetet hatte, zur Kirche Unserer Lieben Frau am Meer, die nahe beim Haus seines Lehrers lag; diesen hatte er zuvor gebeten, er möchte ihn einen Augenblick in jener Kirche anhören. Als sich beide dort niedergesetzt hatten, erzählte er ihm wahrheitsgetreu alles, was in seiner Seele vorgegangen war und wie wenige Fortschritte er bis dahin aus diesem Grund gemacht hätte, daß er aber jetzt dem genannten Lehrer feierlich ein Versprechen ablegen wolle —

und dies waren seine Worte: „Ich verspreche Euch, in den folgenden zwei Jahren niemals Euren Unterricht zu versäumen, wofern ich nur in Barcelona Brot und Wasser auftreiben kann, um mich am Leben zu erhalten." Seitdem er dieses Versprechen mit allem Nachdruck abgelegt hatte, hatte er nie mehr mit jenen Versuchungen zu kämpfen. Das Magenleiden, das er sich in Manresa zugezogen hatte und dessentwegen er Schuhe trug, war verschwunden. Und seit seiner Abreise nach Jerusalem fühlte er sich wieder ganz gesund am Magen. Aus diesem Grund kam ihm während seines Studienaufenthaltes in Barcelona das Verlangen, die früheren Bußübungen wiederaufzunehmen. Er fing damit an, ein Loch in die Schuhsohlen zu machen; dieses erweiterte er dann allmählich von Mal zu Mal, bis er dann bei Beginn der Winterkälte nur mehr das Oberteil der Schuhe trug.

56 Nach Verlauf der zwei Studienjahre, in denen er gute Fortschritte gemacht hatte, wie man ihm sagte, meinte sein Lehrer, daß er nun philosophische Vorlesungen hören könne und nach Alcalá gehen solle. Trotzdem ließ er sich noch eigens von einem Doktor der Theologie genau prüfen, der ihm darauf den gleichen Rat gab. So machte er sich allein auf den Weg nach Alcalá, obwohl er schon damals meines Wissens einige Gefährten hatte. Nach seiner Ankunft in Alcalá begann er wieder mit dem Betteln und lebte von Almosen. Nach zehn oder zwölf Tagen, die er auf solche Weise verbrachte, machten sich eines Tages ein Kleriker und einige andere Leute in dessen Nähe über ihn lustig, wie sie ihn beim Betteln sahen, und sagten ihm einige Grobheiten, wie das so üblich ist, wenn einer, der noch ganz gesund und kräftig ist, bettelt. Gerade in diesem

Augenblick kam der Leiter des neuen Antezana-Spitals vorbei, der darüber offensichtlich ungehalten war; er rief ihn zu sich und brachte ihn in das Spital, wo er ihm eine Kammer und alles sonst Notwendige zur Verfügung stellte.

57 In Alcalá studierte er ungefähr anderthalb Jahre. Nun war er in der Fastenzeit 1524 nach Barcelona gekommen, wo er zwei Jahre lang studiert hatte; so war es das Jahr 1526, als er nach Alcalá kam. Dort hörte er Vorlesungen über Logik nach Dominikus Soto, über Physik nach Albertus Magnus und über das Sentenzenwerk des Petrus Lombardus. Während seines Aufenthaltes in Alcalá beschäftigte er sich auch damit, die Geistlichen Übungen zu geben und Katechismusunterricht zu erteilen. Dabei erzielte er einige Frucht zur Ehre Gottes. Ziemlich viele Leute verkehrten mit ihm, die zu einer großen Kenntnis und Freude am geistlichen Leben gelangten. Andere wiederum hatten mit verschiedenen Versuchungen zu tun. Da war zum Beispiel eine Frau, die sich mit der Bußgeißel kasteien wollte, dies aber nicht vermochte, wie wenn ihr die Hand festgehalten würde, und noch manche andere Fälle dieser Art, so daß in der Stadt viel Gerede entstand, besonders wegen des großen Zulaufs von Leuten zu seinem Katechismusunterricht, ganz gleichgültig, wo er diesen hielt. Ich darf auch jene Angstzustände nicht vergessen, die er selber einmal in einer Nacht durchzumachen hatte.

Bald nach seiner Ankunft in Alcalá wurde er mit Don Diego de Eguía bekannt, der im Hause seines Bruders lebte, welcher eine Druckerei in Alcalá und ein gutes Auskommen hatte. Beide unterstützten ihn nun mit Almosen, die er an Arme weiterverteilte, und jener nahm auch die drei Gefährten des Pilgers in seinem Hause auf. Wie er einmal um ein Almosen für einige dringende Fälle bat, sagte ihm Don Diego, er habe augenblicklich kein Geld. Doch schloß er eine Truhe auf, in der er verschiedene Sachen verwahrt hielt, und er gab ihm Bettwäsche in verschiedenen Farben, einige Leuchter und andere derartige Gegenstände. Dies alles schlug der Pilger in ein Bettlaken ein, lud sich den Packen auf die Schultern und ging fort, um den Armen Hilfe zu bringen.

58 Wie schon vorhin erwähnt, gab es in der ganzen Gegend dort ein großes Gerede wegen der Dinge, die sich in Alcalá abspielten; und der eine redete so und der andere wieder anders. Die Angelegenheit drang bis zu den Inquisitoren in Toledo. Diese reisten nun nach Alcalá. Von dem Manne, der sie in seinem Hause aufgenommen hatte, wurde der Pilger davon verständigt, und er sagte ihm auch, man nenne ihn und seine Gefährten Grauröcke und meines Wissens auch Alumbrados, und man wolle sie auf die Folter spannen. Sofort begannen die Inquisitoren mit Nachforschungen und der Untersuchung ihres Lebenswandels. Schließlich kehrten sie nach Toledo zurück, ohne sie vor sich gerufen zu haben, obgleich sie gerade aus diesem einen Grund gekommen waren. Vielmehr überließen sie die Fortführung des Prozesses dem Generalvikar Figueroa, welcher derzeit zum Gefolge des Kaisers gehört. Dieser nun ließ sie einige Tage danach rufen und erklärte ihnen, daß von seiten der Inquisitoren Nachforschungen und eine Untersuchung ihres Lebenswandels stattgefunden hätten, daß man dabei jedoch keinerlei Irrtum in ihrer Lehre und nichts Falsches in ihrer Lebensweise entdeckt habe und daß sie daher ohne irgend-

welche Behinderung ruhig wie bisher sich verhalten könnten. Da sie jedoch keine Ordensleute seien, halte er es nicht für geraten, daß sie alle im gleichen Habit herumgingen. Vielmehr sei es besser — und dies gab er ihnen als förmlichen Befehl —, daß zwei von ihnen — und dabei wies er auf den Pilger und auf Artiaga — ihre Kleider schwarz, zwei andere, nämlich Calisto und Cáceres, sie rotbraun umfärben sollten, während Juanico, ein junger Franzose, bleiben könne, wie er sei.

59 Der Pilger erklärte, sie würden ausführen, was man ihnen befohlen hatte. „Aber ich begreife nicht", fügte er bei, „was für einen Nutzen derartige Untersuchungen bringen. So wollte ein Priester gestern irgendeinem Manne das heiligste Sakrament nicht reichen, weil er alle acht Tage zur Kommunion gehe. Und auch mir selbst macht man Schwierigkeiten. Wir möchten nun gern klar wissen, ob man bei uns irgendeine Irrlehre entdeckt hat." „Nein", antwortete Figueroa; „denn wenn man eine fände, würde man euch verbrennen." — „Auch Euch selbst würde man verbrennen", erwiderte der Pilger, „wenn man eine Häresie bei Euch entdeckte." Sie ließen ihre Kleider umfärben, wie ihnen befohlen war. Fünfzehn oder zwanzig Tage später befahl dann Figueroa dem Pilger, er solle nicht mehr barfuß gehen, sondern Schuhe anziehen. Ohne weiteres, wie bei allen andern derartigen Befehlen, führte er auch diesen aus. Nicht vergessen, was Bustamente mir erzählte!

Nach vier Monaten griff derselbe Figueroa die Untersuchung über sie von neuem auf. Außer den üblichen bisherigen Gründen war dafür meines Wissens noch ein besonderer Fall der Anlaß: eine verheiratete Frau von Stand war nämlich dem Pilger besonders zugetan; um nicht gesehen zu werden, ging sie verschleiert, wie es in Alcalá de Henares Sitte ist, in der Dämmerung zum Spital. Beim Eintritt nahm sie den Schleier ab und ging dann zur Kammer des Pilgers. Aber auch dieses Mal unternahm man nichts gegen sie; nach Abschluß der Untersuchung wurden sie auch nicht vorgeladen, und keinerlei Beanstandung wurde ihnen mitgeteilt.

60 Weitere vier Monate später, als er bereits in einem kleinen Hause außerhalb des Spitals wohnte, kam eines Tages ein Gerichtsbeamter an seine Türe, rief ihn heraus und sagte zu ihm: „Kommt einmal für kurze Zeit mit mir!" Er führte ihn in das Gefängnis und sagte: „Geht von hier nicht mehr weg, bis Euch etwas anderes befohlen wird!" Dies ereignete sich im Frühjahr. Indes war er nicht in strenger Haft, und daher kamen viele zu ihm auf Besuch, unter anderen auch Miona, sein Beichtvater. Und seine Beschäftigung war die gleiche wie zuvor, als er noch frei war, nämlich Christenlehre zu erteilen und die Geistlichen Übungen zu geben. Auf keinen Fall wollte er einen Rechtsbeistand oder Sachwalter nehmen, obgleich sich mehrere dafür anboten. Besonders erinnert er sich noch an Doña Teresa de Cárdenas, auf deren Veranlassung hin ein solcher ihn aufsuchte und die ihm oftmals ihre Hilfe anbot, ihn aus dem Gefängnis zu befreien. Aber er ging auf nichts Derartiges ein und sagte immer: „Der, um dessentwillen ich hierhergekommen bin, wird mich auch wieder befreien, wenn dies zu seinem Dienst gereicht."

61 Siebzehn Tage nun blieb er im Gefängnis, ohne daß man ihn verhörte und ohne daß er einen Grund für

die Inhaftierung erfuhr. Endlich, nach Ablauf dieser
Zeit kam Figueroa in das Gefängnis und verhörte ihn
über viele Punkte; er frug ihn sogar, ob er die Be-
obachtung des Sabbatgebotes eingeschärft habe, ferner
ob ihm zwei bestimmte Frauen, Mutter und Tochter,
bekannt seien. Darauf antwortete er mit Ja. Dann,
ob er etwa vor ihrer Abreise davon gewußt habe, daß
sie die Stadt verlassen wollten. Er antwortete mit
Nein unter Berufung auf ein feierliches Versprechen,
das er von den beiden erhalten habe. Darauf legte
ihm der Generalvikar seine Hand auf die Schulter und
sagte mit allen Anzeichen der Freude: „Das war eben
der Grund, weswegen Ihr hierhergekommen seid."
Unter der zahlreichen Gefolgschaft des Pilgers waren
nämlich auch eine Mutter und ihre Tochter, beide ver-
witwet, und die Tochter war noch jung und sehr schön.
Diese hatten sich ganz dem geistlichen Leben hingegeben, besonders die Tochter. Und so kam es, daß
die beiden, aus vornehmem Hause stammend, zu Fuß
und ohne Begleitung zur heiligen Veronika von Jaén
eine Wallfahrt machten und vielleicht sogar noch
unterwegs ihren Lebensunterhalt erbettelten. Dies rief
nun ein großes Gerede in Alcalá hervor. Und der
Doktor Ciruelo, der so etwas wie der Beschützer der
beiden Damen war, glaubte, der Inhaftierte habe sie
zu diesem Plane verführt, und deshalb ließ er ihn ver-
haften. Wie nun der Gefangene merkte, worauf der
Generalvikar hinauswollte, sagte er: „Wünscht Ihr,
daß ich etwas ausführlicher über diese Angelegenheit
spreche?" Dieser anwortete mit Ja. Darauf der Gefangene: „Ihr sollt daher wissen, daß diese beiden
Frauen mich oftmals damit belästigten, sie wollten
durch die ganze Welt ziehen, um bald da und dort

in den Spitälern den Armen zu Diensten zu sein. Ich habe sie immer von diesem Plan abzubringen versucht, weil die Tochter noch so jung und so auffallend hübsch sei, und so fort. Und ich sagte ihnen, wenn sie schon die Armen aufsuchen wollten, könnten sie dies auch in Alcalá tun und außerdem das allerheiligste Sakrament begleiten." Nach Abschluß dieser Unterredung ging Figueroa mit seinem Notar wieder fort, der alles mitgeschrieben hatte.

62 Um diese Zeit hielt sich Calisto in Segovia auf. Als er von seiner Inhaftierung erfuhr, eilte er sofort zu ihm, obwohl er kaum von einer schweren Krankheit genesen war, und wollte bei ihm im Gefängnis bleiben. Jedoch sagte er ihm, es sei besser, zunächst sich beim Generalvikar zu melden. Dieser nahm ihn freundlich auf, sagte aber, er gebe den Befehl, daß er zurück ins Gefängnis gehe. Denn er müsse so lange dort bleiben, bis jene Frauen zurückkämen, um dann nachprüfen zu können, ob sie seine Aussage bestätigten. Calisto blieb nun einige Tage im Gefängnis. Aber da der Pilger merkte, daß dieser Aufenthalt seiner Gesundheit schlecht bekam, da er noch nicht ganz wiederhergestellt war, veranlaßte er mit Hilfe eines Arztes, der ein guter Freund von ihm war, daß er aus dem Gefängnis herauskam.

Von dem Tage an, da der Pilger das Gefängnis betrat, bis zu dem Tag, da man ihn freiließ, vergingen zweiundzwanzig Tage. Am letzten Tag — die beiden frommen Frauen waren schon zuvor zurückgekommen — kam der Notar in das Gefängnis, um das Urteil zu verlesen: er sei frei, sie sollten sich kleiden wie die übrigen Studenten und vier Jahre lang nicht über Glaubensfragen reden, bis sie mehr studiert hätten;

denn bis jetzt wüßten sie in der Wissenschaft noch keinen Bescheid. In der Tat: der Pilger wußte von ihnen noch am meisten, aber selbst dies war nur sehr oberflächlich. Und dies betonte er auch immer zuallererst, wenn man ihn verhörte.

63 Nach diesem Urteilsspruch war er ein wenig im unklaren, was er nun tun solle. Denn es schien ihm, man habe ihm damit das Tor verschlossen, um weiterhin den Menschen helfen zu können, ohne ihm jedoch eine nähere Begründung dafür zu geben als bloß, daß er nicht genügend studiert habe. Schließlich entschloß er sich dazu, zum Erzbischof von Toledo, Fonseca, zu gehen und den Fall in seine Hand zu legen.

Er verließ Alcalá und traf den Erzbischof in Valladolid. Alles, was geschehen war, erzählte er ihm ganz genau und erklärte ihm: auch wenn er nicht mehr unter seiner Jurisdiktion stände und nicht verpflichtet sei, sich hier nach seinem Urteilsspruch zu richten, so werde er doch diesbezüglich alles tun, was er anordnen sollte. Dabei sprach er den Erzbischof mit ‚Ihr‘ an wie alle andern Leute. Der Erzbischof empfing ihn sehr freundlich, und wie er erfuhr, daß er nach Salamanca zu gehen vorhabe, sagte er, er habe auch in Salamanca Freunde und ein eigenes Kolleg und er stelle ihm alles zur Verfügung. Und sofort beim Weggang ließ er ihm vier Dukaten geben.

SIEBTES KAPITEL

In Fesseln

64 Als er nach seiner Ankunft in Salamanca in einer Kirche betete, erkannte ihn eine fromme Frau, die der

‚Compañía' ergeben war; denn die anderen vier Gefährten weilten bereits seit mehreren Tagen in der Stadt.
Sie fragte ihn nach seinem Namen und führte ihn dann
zur Unterkunft der Gefährten. Als man in Alcalá den
Befehl gab, sie sollten sich wie die übrigen Studenten
kleiden, antwortete der Pilger: „Als Ihr uns befohlen
habt, die Kleider umzufärben, haben wir es getan.
Aber jetzt können wir den neuen Befehl nicht durchführen, da wir kein Geld haben, um uns neue Kleider
zu kaufen." Daher hatte sie der Generalvikar selbst
mit Kleidern, Mützen und mit allem anderen, was
sonst noch Studenten brauchen, ausgestattet. Derart
neu eingekleidet, waren sie von Alcalá aufgebrochen.
Er beichtete in Salamanca bei einem Dominikanermönch in der Kirche des heiligen Stephan. Ungefähr
zehn oder zwölf Tage nach seiner Ankunft sagte der
Beichtvater einmal zu ihm: „Die Patres des Klosters
möchten gern mit Euch sprechen." Er antwortete:
„Also in Gottes Namen!" „Es wird das beste sein",
sagte der Beichtvater, „daß Ihr zum Abendessen am
Sonntag zu uns kommt; aber darauf will ich Euch
aufmerksam machen, daß nämlich die Patres vielerlei
Dinge von Euch zu wissen verlangen." Am Sonntag
ging er nun mit Calisto hin. Nach dem Essen führte
der Subprior, da der Prior gerade abwesend war,
zusammen mit dem Beichtvater und, soweit ich weiß,
mit noch einem anderen Mönch die beiden in eine
Kapelle. Dort fing der Subprior mit großer Herzlichkeit davon zu sprechen an, welch gute Berichte sie über
ihre Art der Lebensführung erhalten hätten, da sie
wie Apostel predigend umherzögen; und sie würden
sehr gerne darüber noch genauere Einzelheiten hören.
Und so legte er ihnen zu Beginn die Frage vor, was

sie denn eigentlich studiert hätten. Der Pilger antwortete: „Der, der von uns allen am meisten studiert hat, bin ich." Und er erzählte ihm ganz offen, wie wenig er wirklich studiert habe und wie oberflächlich sein Studium gewesen sei.

65 „Nun denn, was ist dann eigentlich der Inhalt eurer Predigten?" — „Wir predigen gar nicht", gab der Pilger zur Antwort, „sondern wir sprechen bloß mit dem oder jenem in engem Kreis über religiöse Dinge, so zum Beispiel nach Tisch mit Leuten, die uns einladen." Darauf der Mönch: „Über was für religiöse Dinge redet ihr dann? Das ist es gerade, was wir wissen möchten." — „Wir sprechen einmal über diese Tugend", antwortete der Pilger, „dann wieder über eine andere, und zwar mit lobenden Worten; dann einmal über dieses und ein andermal über jenes Laster, wobei wir es verurteilen." — „Ihr seid nicht wissenschaftlich gebildet", meinte der Mönch, „und da redet ihr über Tugend und Laster? Aber darüber vermag man nur unter einer der folgenden zwei Voraussetzungen zu sprechen: entweder ist man gebildet oder vom Heiligen Geist geführt. Nun seid ihr aber nicht vorgebildet; also sprecht ihr in der Kraft des Heiligen Geistes. Und gerade über diesen Punkt der Führung durch den Heiligen Geist wollen wir noch etwas mehr hören." Da wurde der Pilger ein wenig stutzig, da ihm eine solche Art der Beweisführung nicht recht erschien. Und nach einem Augenblick des Schweigens sagte er, es sei unnötig, noch mehr über derartige Fragen zu sprechen. Aber der Mönch drängte weiter: „Und gerade in der heutigen Zeit, wo es so viele Irrlehren eines Erasmus und soundsoviel andere gibt,

die die Welt verführt haben, wollt ihr keine näheren Erläuterungen über eure Reden geben?"

66 Der Pilger antwortete: „Pater, über meine bisherigen Ausführungen hinaus werde ich kein weiteres Wort mehr sagen, es sei denn vor der rechtmäßigen Obrigkeit, die mich zu einer weiteren Aussage verpflichten kann." Zuvor schon hatte man ihn gefragt, warum denn Calisto in einem so auffälligen Kleid gekommen sei. Er trug nämlich einen kurzen Rock, dazu hatte er auf dem Kopf einen riesigen Hut, in der Hand einen Stock und trug ungefähr halbhohe Schaftstiefel. Da er auffallend groß war, bot er so einen noch komischeren Anblick. Der Pilger erzählte darauf, daß sie in Alcalá gefangengesetzt wurden und daß man ihnen eine Kleidung nach Art der Studenten vorgeschrieben habe; sein Gefährte habe aber wegen der großen Hitze seinen Studententalar einem armen Geistlichen geschenkt. Worauf der Mönch mit allen Zeichen des Mißfallens zwischen den Zähnen murmelte: „Die rechte Nächstenliebe fängt bei sich selbst an."

Um wieder zu unserem Bericht zurückzukehren: Da nun der Subprior kein weiteres Wort mehr aus dem Pilger herausbringen konnte, sagte er: „So bleibt ihr denn vorläufig hier, während wir schon das Notwendige veranlassen werden, damit ihr über alles Auskunft gebt." Darauf gingen die Mönche in ziemlicher Hast fort. Zunächst noch fragte der Pilger, ob man wünsche, daß sie in jener Kapelle bleiben sollten, oder wo man sonst wolle, daß sie sich aufhielten. Darauf antwortete der Subprior, sie sollten nur in der Kapelle bleiben. Dann schlossen die Mönche alle Türen ab und setzten sich allem Anschein nach mit dem kirchlichen Gericht in Verbindung. Indessen mußten die beiden drei Tage lang im Kloster bleiben, ohne daß ihnen irgend etwas über ein Gerichtsverfahren zu Ohren kam. Bei den Mahlzeiten waren sie mit den Mönchen zusammen im Refektorium. Und sonst war fast ständig ihre Zelle voll von Mönchen, die sie besuchten. Der Pilger sprach mit ihnen immer über seine gewohnten Themen. Und so entstand unter den Mönchen bald eine gewisse Uneinigkeit, da mehrere ihm ihre Zuneigung zu erkennen gaben.

67 Nach Ablauf der drei Tage kam ein Notar und ließ sie ins Gefängnis überführen. Aber man steckte sie nicht mit den Verbrechern zusammen in eines der Verliese, sondern man wies ihnen im Obergeschoß einen Raum an, der allerdings vor Schmutz starrte, da er nie benützt wurde und der Bau uralt war. Man schloß sie beide, jeden an einem Bein, an ein und dieselbe Kette an. An einem Pfosten in der Mitte des Raumes war die Kette festgemacht, sie dürfte wohl zehn bis dreizehn Spannen lang gewesen sein. So mußte denn jedesmal, wenn einer von ihnen irgend etwas tun wollte, der andere ihn begleiten. Jene ganze erste Nacht blieben sie wach. Als nun am folgenden Tag ihre Inhaftierung in der Stadt bekannt wurde, schickte man ihnen Betten und alles andere Lebensnotwendige in reichem Maße ins Gefängnis. Ständig kamen viele Leute, um sie zu besuchen, und der Pilger setzte seine gewohnte Tätigkeit fort, indem er über Gott und andere religiöse Fragen sprach.

Der Bakkalaureus Frias suchte sie auf, um jeden einzeln für sich zu verhören. Der Pilger gab ihm alle seine Notizen, das heißt die Geistlichen Übungen, damit man sie überprüfe. Auf die Frage, ob sie noch

Gefährten hätten, antwortete er mit Ja und gab an, wo jene sich aufhielten. Auf Befehl des Bakkalaureus ging man auch sofort an den bezeichneten Ort und führte Cáceres und Artiaga ins Gefängnis. Juanico aber, der später Mönch wurde, ließ man zurück. Indes brachte man sie nicht zu den beiden in das obere Stockwerk, sondern in das Verlies, wo die gewöhnlichen Häftlinge waren. Aber auch jetzt wollte er ebensowenig wie früher einen Rechtsbeistand oder Sachwalter nehmen.

68 Nach einigen Tagen wurde er vor vier Richter geladen; es waren dies die drei Doktoren Sanctisidoro, Paravinhas und Frias, wozu als vierter der Bakkalaureus Frias kam. Alle hatten bereits die Geistlichen Übungen eingesehen. Sie stellten nun an ihn vielerlei Fragen, nicht bloß über die Geistlichen Übungen, sondern auch aus der Theologie, zum Beispiel über die Trinitäts- und Sakramentenlehre und wie er diese Lehrstücke verstehe. Zunächst gab er seine übliche Vorerklärung ab. Aber er mußte auf Befehl der Richter ausführlicher antworten, und er tat dies so, daß sie keinen Anlaß zu einer Beanstandung fanden. Der Bakkalaureus, der bei all dem sich immer diensteifriger als die andern gezeigt hatte, stellte schließlich noch eine Frage aus dem Kirchenrecht. Und auf all dies war er gezwungen eine Antwort zu geben. Dabei beteuerte er jeweils zuerst, er wisse nicht, was die Fachgelehrten zu jenen Punkten meinten. Schließlich hieß man ihn, das erste Gebot zu erklären, so wie er es gewöhnlich mache. Er fing nun damit an und hielt sich so lange dabei auf und sagte so vielerlei über das erste Gebot, daß man keine Lust mehr hatte, ihn noch mehr zu fragen. Zuvor noch verbohrten sich die Richter, als man über die

Geistlichen Übungen sprach, auf einen einzigen Punkt, der dort ganz zu Beginn steht: nämlich wann ein Gedanke nur läßliche Sünde und wann er eine Todsünde sei. Der Grund dafür war, weil er, ohne theologisch vorgebildet zu sein, darüber eine bestimmte Entscheidung traf. Er verteidigte sich: „Ihr habt hier zu entscheiden, ob meine Ansicht richtig ist oder nicht, und wenn sie falsch ist, dann verurteilt sie doch!" Zum guten Schluß gingen sie auseinander, ohne irgend etwas als falsch zu verurteilen.

69 Unter vielen anderen, die ins Gefängnis kamen, um mit ihm zu sprechen, kam einmal auch Don Francisco de Mendoza, der heute Kardinal von Burgos ist; ihn begleitete der Bakkalaureus Frias. Als jener ihn vertraulich fragte, wie es ihm im Gefängnis gehe und ob er über seine Inhaftierung sehr bedrückt sei, gab er ihm zur Antwort: „Ich will eben mit den Worten antworten, die ich gerade heute einer Dame sagte, die mir ihre Teilnahme darüber ausdrückte, daß ich ein Gefangener sei. Ich sagte zu ihr: ‚Damit beweist Ihr nur, daß Ihr selbst kein Verlangen danach habt, von Liebe zu Gott ganz gefangen zu sein. Dünkt Euch denn das Gefängnis das größte Unglück zu sein? Indes sage ich Euch: Es gibt in Salamanca nicht so viele Handschellen und Fußfesseln, als daß ich nicht noch mehr aus Liebe zu Gott an mir zu tragen verlangte.' "

In dieser Zeit ereignete es sich, daß alle Insassen des Gefängnisses ausbrachen, und bloß die zwei Gefährten, die zusammen mit jenen inhaftiert waren, ergriffen nicht die Flucht. Als man sie am Morgen bei offenen Gefängnistüren und ganz allein ohne jede Bewachung antraf, waren alle davon sehr erbaut, und dies wurde zum Tagesgespräch in der Stadt. Darauf-

hin wies man ihnen ein ganz großes Haus, das in der
Nähe lag, als Gefängnis an.

70 Nach zweiundzwanzig Tagen, die sie so inhaftiert
waren, lud man sie vor, um das Urteil zu hören. Dies
lautete dahingehend, daß sich keinerlei Irrtum in ihrer
Lebensweise oder in ihrer Lehre finde, daß sie also
wie bisher weiterarbeiten, das heißt Christenlehre erteilen und über religiöse Dinge sprechen könnten, mit
der einen Einschränkung jedoch, daß sie erst nach Ablauf von vier Jahren, in denen sie weiterstudiert hätten, entscheiden dürften: dies oder jenes ist eine Todsünde oder eine läßliche Sünde. Nach Verlesung des
Urteils zeigten die Richter eine auffallende Freund-
lichkeit, wie wenn sie damit seine Annahme erreichen
wollten. Der Pilger erklärte, er werde alles ausführen,
was das Urteil ihm befehle, aber er werde es nicht
annehmen. Denn ohne daß auch nur die geringste
Kleinigkeit wirklich verurteilt worden sei, verschließe
man ihm den Mund, damit er nicht mehr seinen Mit-
menschen zu Hilfe komme, soweit er dies vermöge.
Sosehr nun auch Doktor Frias, der sich ihm sehr wohl-
gesinnt erwies, in ihn drang, sagte der Pilger nur das
eine: daß er die ihm gegebenen Vorschriften ausführen
werde, solange er sich noch im Gerichtsbezirk von
Salamanca aufhalte. Dann wurden sie sofort aus dem
Gefängnis freigelassen. Er dachte nun darüber nach,
was er tun solle, und empfahl die Angelegenheit Gott
im Gebet. Große Bedenken empfand er gegen einen
weiteren Aufenthalt in Salamanca. Denn mit diesem
Verbot, näher zu bestimmen, was Todsünde und was
läßliche Sünde sei, schien ihm jedes Tor verschlossen,
den Seelen noch wirklich nutzbringend helfen zu
können.

71 Daher beschloß er, zum Weiterstudium nach Paris zu gehen.

Als der Pilger in Barcelona sich beraten hatte, ob und wie lange er noch weiterstudieren solle, war sein Hauptproblem, ob er nach Abschluß der Studien in einen Orden eintreten oder allein von Ort zu Ort ziehen solle. Als ihn zum erstenmal die Idee, in einen Orden einzutreten, überkam, spürte er zugleich in sich das Verlangen, einen heruntergekommenen und kaum reformierten Orden zu wählen. Denn der Eintritt in einen Orden sollte für ihn den Sinn haben, mehr Gelegenheit zu finden, Leiden zu ertragen. Auch dachte er daran, daß Gott vielleicht dadurch den übrigen Ordensmitgliedern eine Hilfe anbieten wolle. Und Gott schenkte ihm eine große Zuversicht, daß er alle Anfeindungen und Kränkungen, die man ihm zufügen würde, sehr wohl aushalten könne.

Indes verließ ihn während seiner Haftzeit in Salamanca das gleich starke Verlangen nicht, er habe den Seelen zu helfen, und zu diesem Zweck müsse er zuerst noch weiterstudieren und für den gleichen Plan noch einige Gefährten gewinnen, dabei aber seine bisherigen Genossen festzuhalten suchen. So verabredete er sich mit diesen, nachdem er einmal sich zur Reise nach Paris entschlossen hatte, daß sie hier auf ihn warten sollten, während er allein zur näheren Erkundung dorthin gehen wollte, ob sich dort eine Möglichkeit fände, gemeinsam die Studien fortsetzen zu können.

72 Zahlreiche Persönlichkeiten von Rang bestürmten ihn gar sehr, er solle doch nicht fortgehen, jedoch konnten sie bei ihm nichts ausrichten. Vielmehr reiste er fünfzehn oder zwanzig Tage nach seiner Entlassung aus dem Gefängnis ohne Begleitung ab und nahm nur einige Bücher mit, die auf einen Esel gepackt waren. Bei seiner Ankunft in Barcelona rieten ihm alle seine Bekannten von der Fortsetzung der Reise nach Frankreich ab wegen der gefährlichen Kriegswirren, die es eben gab. Man berichtete ihm erschreckende Beispiele bis in alle Einzelheiten und erzählte ihm sogar, daß man Spanier auf dem Rost gebraten habe. Aber auch nicht für einen Augenblick hatte er deswegen irgendwelche Angst.

Achtes Kapitel

Auf der Hohen Schule zu Paris

73 So trat er die Reise nach Paris allein und zu Fuß an. Ungefähr im Monat Februar kam er in Paris an. Seinem Bericht nach muß es das Jahr 1528 oder 1527 gewesen sein. Als er nämlich in Alcalá im Gefängnis saß, wurde der spanische Erbprinz geboren; von diesem Zeitpunkt aus lassen sich alle weiteren Begebenheiten, auch die in der Vergangenheit, berechnen. Er kam in einem Haus bei einigen anderen Spaniern unter und ging zum Montaigu-Kolleg, um weiter klassische Sprachen zu studieren. Der Grund war folgender: da man ihn in seinem Studiengang so rasch hatte aufrücken lassen zu den höheren Kursen, entdeckte er nun ziemliche Lücken in den Anfangskenntnissen, und so saß er mit Kindern zusammen im Klassenzimmer, um den ganzen Studiengang entsprechend der Pariser Ordnung zu durchlaufen.

Auf Grund eines in Barcelona ausgestellten Wechsels gab ihm ein Kaufmann sofort nach seiner Ankunft in

Paris 25 Dukaten, und diese händigte er zur Verwahrung einem seiner spanischen Landsleute in jener Herberge aus, der sie allerdings in kurzer Zeit durchbrachte und nichts mehr besaß, um sie ihm zurückzuzahlen. Somit hatte der Pilger am Ende der Fastenzeit gar nichts mehr von jenen Dukaten, teils weil er selber Ausgaben zu bestreiten hatte, teils aus dem erwähnten Grund. Daher war er gezwungen, betteln zu gehen und sogar aus dem Haus, in dem er wohnte, auszuziehen.

74 Man nahm ihn im Sankt-Jakobs-Spital auf, das noch weiter als die Kirche der Unschuldigen Kinder abliegt. Für das Studium hatte dies einen großen Nachteil, denn das Spital war vom Montaigu-Kolleg ein gutes Stück entfernt, und man mußte, um das Tor noch offen zu finden, mit dem Abendläuten zurückkommen und konnte erst nach Tagesanbruch fortgehen. Daher vermochte er den Vorlesungen nicht gut zu folgen. Eine weitere Schwierigkeit war gleichfalls, daß er sich Almosen erbetteln mußte zu seinem Lebensunterhalt. Da er nun schon seit ungefähr fünf Jahren keine Magenschmerzen mehr fühlte, fing er wieder damit an, schwerere Bußwerke auf sich zu nehmen und länger zu fasten. Eine Zeitlang brachte er nun auf diese Weise im Spital zu und erbettelte Almosen. Aber er merkte, daß er so nur wenig in seinem Studium vorankäme, und er überlegte lange, was zu tun sei. Da er wußte, daß einige Studenten in verschiedenen Kollegien als Diener der Regenten wohnten und doch noch Zeit zum Studium hatten, beschloß auch er, sich einen Herrn zu suchen.

75 Wie er nun dies bei sich überlegte und den Plan faßte, war er nicht wenig getröstet durch die Vorstellung,

daß sein Lehrer und Meister dann eigentlich Christus wäre und daß er einem der Studenten den Namen des heiligen Petrus, einem zweiten den des heiligen Johannes, und so fort durch die ganze Reihe der Apostelnamen, geben wollte. Und wenn mein Herr mir etwas befiehlt, will ich daran denken, daß eigentlich Christus mir den Befehl gibt; und wenn ein anderer etwas von mir verlangt, will ich mir vorstellen, daß es der heilige Petrus ist. Vielerlei Mühe wandte er auf, um einen Herrn zu finden. Er sprach deswegen mit dem Bakkalaureus Castro und mit einem Mönch aus der Kartause, der ziemlich viele Professoren kannte, und noch mit andern. Aber nie gelang es, für ihn einen Herrn zu finden.

76 Da sich so keine Abhilfe finden ließ, sagte ihm schließlich eines Tages ein spanischer Mönch, es sei besser, jedes Jahr nach Flandern zu gehen und zwei Monate oder sogar noch weniger Zeit dafür zu verwenden, um die notwendigen Mittel zum Studium für das ganze Jahr zusammenzubringen. Dieser Vorschlag dünkte ihm gut, nachdem er die Sache Gott empfohlen hatte So befolgte er nun diesen Rat und brachte jedes Jahr so viel von Flandern mit, daß er einigermaßen leben konnte. Einmal ging er sogar nach England und brachte mehr Almosen als in den anderen Jahren mit zurück.

77 Nachdem er zum erstenmal von Flandern zurückgekommen war, begann er, intensiver als früher sich mit religiösen Gesprächen abzugeben. Fast gleichzeitig gab er die Geistlichen Übungen drei Männern, nämlich Peralta, dem Bakkalaureus Castro, der im Kolleg der Sorbonne wohnte, und einem Basken aus der Provinz Vizcaya im Barbarakolleg namens Ama-

dor. Diese drei führten nun eine aufsehenerregende Änderung ihrer Lebensweise durch: sie verschenkten all ihre Habe an arme Leute, sogar die Bücher, und fingen an, sich Almosen in Paris zu erbetteln, und suchten ein Unterkommen im Sankt-Jakobs-Spital, wo zuvor der Pilger gewohnt hatte und von wo er wegen der schon erwähnten Gründe ausgezogen war. Das erregte einen großen Sturm an der ganzen Universität, da die beiden ersten hervorragende und bekannte Persönlichkeiten waren. Ihre spanischen Landsleute nahmen auch sofort den Kampf mit den beiden Professoren auf; aber man konnte sie mit noch so vielen Gründen und Überredungskünsten nicht dazu bringen, zur Universität zurückzukehren. So rückte eines Tages eine ganze Schar bewaffnet aus und holte sie mit Gewalt aus dem Spital.

78 Man brachte sie zur Universität, und dort schloß man folgendes Übereinkommen: erst wenn sie ihre Studien abgeschlossen hätten, würden sie ihre Lebenspläne weiterverfolgen. Der Bakkalaureus Castro ging später nach Spanien, predigte eine Zeitlang in Burgos und wurde dann Mönch in der Kartause von Valencia. Peralta machte sich zu Fuß als Bettler auf den Weg nach Jerusalem; als solcher wurde er in Italien von einem Hauptmann angetroffen, der mit ihm noch verwandt war. Dieser fand Mittel und Wege, um ihn zum Papst zu führen, bei dem er erreichte, daß dieser ihm den Befehl zur Rückkehr nach Spanien gab. Diese Begebenheiten ereigneten sich nicht sofort anschließend, sondern erst einige Jahre später.

In Paris und besonders unter den Spaniern entstand ein großes Gerede gegen den Pilger. Unser Rektor de Gouvea, der ihm vorwarf, er habe aus Amador einen

Narren gemacht — dieser wohnte nämlich in seinem
Kolleg —, sagte mit aller Entschiedenheit: das erstemal, wenn er in das Sankt-Barbara-Kolleg kommen
sollte, werde er ihn öffentlich als Verführer von Studenten auspeitschen lassen.

79 Jener Spanier, mit dem er zu Anfang zusammen-
gewohnt und der ihm sein Geld durchgebracht hatte,
ohne es zurückzuzahlen, trat damals die Rückreise
nach Spanien über Rouen an. Wie er in Rouen auf eine
Gelegenheit zur Weiterreise wartete, wurde er krank.
Durch einen Brief von ihm erfuhr der Pilger von seiner
Erkrankung, und es überkam ihn das Verlangen, sich
aufzumachen, um ihn zu besuchen und ihm zu helfen.
Zugleich dachte er, ihn angesichts seiner Lage dafür
gewinnen zu können, daß er die Welt aufgebe und
sich ganz dem Dienste Gottes zuwende.
Und um dieses Ziel erreichen zu können, überkam ihn
das Verlangen, jene achtundzwanzig Meilen, die es
von Paris nach Rouen sind, zu Fuß, ohne Schuhe und
ohne Speise und Trank zurückzulegen. Wie er diesen
Plan im Gebet überdachte, fühlte er eine große Ver-
zagtheit in sich. Schließlich ging er in die Kirche des
heiligen Dominikus, und dort entschloß er sich, den
Weg in der erwähnten Art zurückzulegen, da jene
große Angst, die er in sich gespürt hatte, er könne
damit Gott versuchen, schon vorübergegangen war.
Am Morgen des folgenden Tages, an dem er auf-
brechen sollte, stand er in aller Frühe auf, und wie er
sich anzukleiden begann, überkam ihn wieder jene
große Angst, so daß er kaum die Kleider anziehen zu
können glaubte. Trotz dieses inneren Widerstrebens
verließ er das Haus, und noch vor Tagesanbruch hatte
er die Stadt hinter sich. Indes hielt die Angst an und

107

saß in ihm fest bis Argenteuil; das ist eine Ortschaft, drei Meilen von Paris entfernt, auf dem Weg nach Rouen, wo der Rock Unseres Herrn aufbewahrt sein soll. Als er nun den Ort, mit jener inneren Last beladen, durchschritten hatte und eine Anhöhe erstieg, löste sich allmählich jene Angst, und es überkam ihn große Tröstung und innere Kraft, verbunden mit solcher Freude, daß er laut über die Felder hin jubelte und mit Gott sprach, und so fort. Jene Nacht kam er dann zusammen mit einem armen Bettler in einem Spital unter, nachdem er an diesem Tag vierzehn Meilen zurückgelegt hatte. Am zweiten Tag kroch er in einem Strohschober unter, und am dritten Tag kam er nach Rouen. Die ganze Zeit blieb er, wie er sich vorgenommen hatte, ohne Speise und Trank und barfuß. In Rouen tröstete er den Kranken und war behilflich, ihn auf ein Schiff zu bringen, damit er so nach Spanien zurückkehren könne. Und er gab ihm Empfehlungsbriefe mit, die er an seine Gefährten, die in Salamanca zurückgeblieben waren, adressierte, das heißt an Calisto, Cáceres und Artiaga.

80 Um nicht ausführlicher über diese Gefährten zu berichten: ihr weiteres Leben nahm folgenden Verlauf: In der Zeit, da der Pilger in Paris weilte, schrieb er ihnen öfters, wie sie miteinander ausgemacht hatten, daß es kaum eine Möglichkeit gebe, sie zum Weiterstudium nach Paris kommen zu lassen. Indes unternahm er es, an Doña Leonor de Mascarenhas zu schreiben, sie möge Calisto mit Empfehlungsbriefen für den Hof des portugiesischen Königs behilflich sein, damit er so einen der Freiplätze erhalten könne, die der König von Portugal in Paris zu vergeben hatte. Doña Leonor gab daraufhin Calisto den gewünschten Emp-

fehlungsbrief, ein Maultier zum Reiten und Geld für die Ausgaben der Reise. Calisto ging dann an den Hof des portugiesischen Königs, aber er kam nicht nach Paris. Vielmehr kehrte er nach Spanien zurück, fuhr dann nach Lateinamerika in Begleitung einer gewissen frommen Dame. Nach Spanien zurückgekehrt, machte er sich später ein zweites Mal nach Lateinamerika auf und kam dann nach Spanien als reicher Mann zurück und versetzte in Salamanca alle seine früheren Bekannten in großes Erstaunen.

Cáceres kehrte in seine Heimat Segovia zurück und fing dort ein solches Leben an, daß man meinen konnte, er habe seine früheren Vorsätze vollständig vergessen.

Artiaga wurde zum Comendador ernannt. Später, als die Gesellschaft schon in Rom bestand, gab man ihm ein Bistum in Amerika. Er schrieb dem Pilger, er wolle es einem aus der Gesellschaft übertragen. Auf dessen abschlägige Antwort hin reiste er nach Empfang der Bischofsweihe nach Lateinamerika, und dort starb er durch einen seltsamen Zufall: Während einer Krankheit standen nämlich bei seinem Bett zur Erfrischung zwei Wasserflaschen; in der einen war Wasser, wie es der Arzt verordnet hatte, in der andern aber Gift, das man Türkenwasser nennt. Aus Versehen gab man ihm von der zweiten Flasche, deren Inhalt ihn tötete.

81 Der Pilger kehrte von Rouen nach Paris zurück. Dort erfuhr er, daß wegen der Geschichten, die Castro und Peralta angestellt hatten, viel gegen ihn geredet wurde und daß der Inquisitor ihn hatte vorladen lassen. Er wollte aber nicht auf eine weitere Vorladung warten, sondern ging sofort zum Inquisitor und sagte zu ihm,

er habe erfahren, daß man ihn suche, und er sei zu allem bereit, was man von ihm verlange. Der Name dieses Inquisitors war Magister Noster Ory, ein Mönch aus dem Dominikanerorden. Er ersuchte ihn, die Angelegenheit rasch zu erledigen. Denn er habe die Absicht, am folgenden Remigiustag den philosophischen Kurs zu beginnen, und er wünsche, daß diese Affäre zuvor erledigt werde, um sich dann ungestörter seinen Studien widmen zu können. Doch ließ ihn der Inquisitor nicht mehr vorladen. Er sagte ihm bloß, es entspreche den Tatsachen, daß man ihm über sein Tun berichtet habe, und dergleichen mehr.

82 Kurz darauf war der Tag des heiligen Remigius, das heißt der 1. Oktober. Er trat in ein Kolleg ein, um den philosophischen Kurs eines Magisters namens Johannes Peña zu hören. Dabei hatte er die Absicht, jene Gefährten, die entschlossen waren, dem Herrn zu dienen, weiterhin darin zu bestärken. Jedoch wollte er keine weiteren Schritte unternehmen, um neue Gefährten zu gewinnen, damit er um so mehr Ruhe für das Studium hätte.

Wie er nun mit dem Besuch der Vorlesungen begann, überkamen ihn wiederum die gleichen Versuchungen, wie sie ihm gekommen waren, als er in Barcelona die Grammatikklasse besuchte. Jedesmal wenn er eine Vorlesung hörte, vermochte er nicht recht aufmerksam zu sein wegen der vielen geistlichen Erleuchtungen, die sich ihm aufdrängten. Da er bemerkte, daß er so nur wenig mit seinem Studium vorankäme, ging er zu seinem Magister und legte vor ihm das Versprechen ab, er wolle es auf keinen Fall daran fehlen lassen, den ganzen Kurs zu hören, wofern er nur Brot und Wasser zu seinem Lebensunterhalt auftreiben könne.

Kaum hatte er dieses Gelöbnis abgelegt, da verschwanden auch alle jene frommen Geschichten, die ihm zu so ungelegener Zeit gekommen waren, und es ging mit seinen Studien ganz gut voran. In dieser Zeit verkehrte er mit Magister Peter Favre und mit Magister Franz Xavier, die er später beide für den Dienst Gottes durch die Geistlichen Übungen gewann.

Während dieser Zeit, da er den philosophischen Kurs hörte, belästigte man ihn nicht mehr, wie es früher der Fall gewesen war. Und im Hinblick darauf meinte einmal der Doktor Frago, er wundere sich, wie jetzt alles so ruhig bleibe, ohne daß irgendwer ihm Schwierigkeiten mache. Darauf antwortete er: „Der Grund hierfür liegt darin, daß ich mit niemand über religiöse Dinge spreche. Aber nach Abschluß des Kurses werden wir wieder die gewohnte Tätigkeit aufnehmen."

83 Wie die beiden noch im Gespräch beieinanderstanden, kam ein Mönch und bat den Doktor Frago, er möchte so gut sein und ihm eine Unterkunft besorgen; denn dort, wo er bisher wohnte, sei eine Reihe von Todesfällen vorgekommen, und er vermute die Pest als Todesursache. Denn gerade damals begann die Pest in Paris. Doktor Frago und der Pilger wollten das Haus besichtigen, und sie nahmen eine in der Heilkunde bewanderte Frau als Begleiterin mit. Diese bestätigte, kaum daß sie das Haus betreten hatte, daß es die Pest sei. Auch der Pilger wollte in das Haus selbst hineingehen. Wie er da auf einen Kranken traf, sprach er ihm Trost zu und berührte mit seiner Hand die Pestbeulen. Nachdem er ihn so getröstet und ein wenig aufgemuntert hatte, ging er allein weg. Da spürte er Schmerzen an seiner Hand, so daß er glaubte, von der Pest angesteckt zu sein. Diese Einbildung war

so stark, daß er ihrer nicht Herr werden konnte. Schließlich steckte er mit aller Heftigkeit die Hand in seinen Mund, bewegte sie dort mehrmals hin und her, und dabei sagte er zu sich: wenn du wirklich die Pest an der Hand hast, sollst du sie auch im Mund haben. Und kaum hatte er dies getan, verschwanden auch die Einbildungen und gleichzeitig der Schmerz in der Hand.

84 Als er aber zum Sankt-Barbara-Kolleg zurückkam, wo er damals wohnte und die Vorlesungen hörte, wichen seine Mitstudenten, die vom Betreten des verpesteten Hauses wußten, ihm aus und wollten ihn überhaupt nicht hereinlassen. So sah er sich gezwungen, einige Tage lang auswärts zu wohnen.

Unter den Philosophiestudenten von Paris besteht der Brauch, wenn sie im dritten Jahr zu Bakkalaurei graduiert werden, ,den Stein zu nehmen', wie es in ihrer Sprache heißt. Weil dabei ein ganzer Dukaten auszugeben ist, können sich das manche sehr arme Studenten nicht leisten. Dem Pilger kamen nun Bedenken, ob es für ihn ratsam sei, auch ,den Stein zu nehmen'. Und da er sehr im Zweifel darüber war und sich nicht schlüssig werden konnte, beschloß er, die Entscheidung dieser Frage seinem Professor zu überlassen, auf dessen Rat hin, er solle ,den Stein nehmen', er dann mitmachte. Trotzdem fehlte es nicht an Nörglern; zumindest ein Spanier bemerkte es mißfällig.

In Paris, und zwar schon um diese Zeit, befiel ihn ein schweres Magenleiden, so daß er alle zwei Wochen einen Kolikanfall hatte, der jeweils eine gute Stunde lang dauerte und hohes Fieber verursachte. Einmal dauerte eine solche Magenkolik sechzehn oder siebzehn Stunden lang an. Später, als er den philosophischen Kurs abgeschlossen und schon einige Jahre Theologie studiert und seine Gefährten gesammelt hatte, machte die Krankheit immer weitere Fortschritte, ohne daß man ein wirksames Mittel dagegen finden konnte, so viele man auch an ihm ausprobierte.

85 Die Ärzte meinten, das einzige Heilmittel, das ihm vielleicht noch helfen könne, sei ein Aufenthalt in der Heimat. Auch seine Gefährten gaben ihm den gleichen Rat und drängten ihn sehr dazu. Damals hatten sie bereits gemeinsam darüber beraten, was sie unternehmen wollten, nämlich nach Venedig und dann nach Jerusalem zu ziehen und ihr ganzes Leben dem Heil der Seelen zu widmen. Wenn man ihnen aber nicht die Erlaubnis zu einem dauernden Aufenthalt in Jerusalem gäbe, wollten sie nach Rom zurückreisen und sich dem Stellvertreter Christi zur Verfügung stellen, damit dieser sie dann dort einsetze, wo nach seinem Urteil mehr für Gottes Ehre und das Seelenheil zu erreichen sei. Ebenso hatten sie den Beschluß gefaßt, ein Jahr lang in Venedig auf eine Fahrtgelegenheit zu warten; und wenn sich im Laufe jenes Jahres keine Möglichkeit einer Überfahrt nach dem Nahen Orient finden ließe, sollten sie von ihrem Gelübde der Wallfahrt nach Jerusalem frei sein und sich sofort dem Papst zur Verfügung stellen, und so weiter.

Schließlich ließ sich der Pilger von seinen Gefährten überreden. Denn da die Spanier unter ihnen noch einige Angelegenheiten in der Heimat zu besorgen hätten, könnte er diese gleichzeitig miterledigen. Man hatte miteinander abgemacht, er werde, wenn er wieder hergestellt sei, sich auf den Weg machen, um ihre

Anliegen zu besorgen, und nach Venedig reisen, wo er seine Gefährten erwarten wollte.

86 Das war im Jahre 1535. Die Gefährten sollten entsprechend ihrer Abmachung im Jahre 1537, und zwar am Tag Pauli Bekehrung, die Reise antreten. Allerdings brachen sie dann tatsächlich wegen der beginnenden Kriegswirren bereits im November 1536 auf. Wie der Pilger schon alles zur Abreise vorbereitet hatte, erfuhr er, daß man gegen ihn beim Inquisitionsgericht Anklage erhoben habe und daß ein Prozeß angestrengt sei. Da er nun davon wußte und anderseits nicht vorgeladen wurde, stellte er sich von selbst dem Inquisitor, berichtete ihm, was er gehört hatte, und bemerkte dazu, er sei im Begriff, nach Spanien zurückzureisen, und er habe eine Gruppe von Gefährten, eben deswegen bitte er ihn, einen Urteilsspruch zu fällen. Der Inquisitor gab zur Antwort, daß das Gerede, soweit es die Anklage betreffe, der Wahrheit entspreche, aber daß er ihr keinerlei Bedeutung zumesse. Bloß wünsche er, die Niederschrift der Geistlichen Übungen einzusehen. Nach kurzer Durchsicht lobte er sie sehr und bat den Pilger, ihm eine Abschrift davon zu überlassen, was dann auch geschah. Trotzdem ging er noch einmal hin und bestand darauf, er solle den Prozeß bis zum Schlußurteil weiterführen. Da der Inquisitor dieses Ansuchen wiederum ablehnte, ging er mit einem öffentlichen Notar und mit Zeugen zu seiner Wohnung und ließ über den ganzen Vorgang ein Protokoll aufnehmen.

Neuntes Kapitel

Zum letztenmal in Spanien

87 Nach Abschluß dieser Angelegenheit bestieg er ein kleines Pferd, das seine Gefährten für ihn gekauft hatten, und machte sich ganz allein auf den Weg in seine Heimat. Unterwegs wurde sein Gesundheitszustand immer besser. An der Grenze der Provinz verließ er die Hauptstraße und bog in den Bergpfad ein, der weniger begangen war. Wie er auf diesem Weg ein Stück dahingeritten war, traf er auf zwei bewaffnete Männer, die ihm entgegenkamen — jener Pfad war wegen Raubmörder ziemlich berüchtigt. Als diese schon ein Stück weit hinter ihm waren, kehrten sie um und verfolgten ihn in großer Eile. Dabei hatte er ein wenig Angst. Trotzdem fing er ein Gespräch mit ihnen an und erfuhr, daß sie Leute seines Bruders seien, der sie ausgeschickt habe, um ihn zu treffen. Denn vermutlich hatte er von Bayonne in Frankreich, wo man den Pilger erkannt hatte, Nachricht von seiner Ankunft bekommen. Diese beiden ritten ihm nun voraus, und er folgte ihnen auf dem gleichen Weg. Kurz bevor er das Gebiet der Loyola erreichte, traf er wieder auf die zwei Männer, die ihm, wie erwähnt, entgegengezogen waren. Sie bestanden mit Nachdruck darauf, ihn in das Haus seines Bruders zu führen. Aber sie vermochten nicht, ihn dazu zu bewegen. Vielmehr wandte er sich zum Spital und machte dann später zu einer günstigen Tageszeit seinen ersten Bettelgang durch die Stadt.

88 In diesem Spital sprach er dann mit vielen Leuten, die ihn besuchen kamen, über die Dinge Gottes, und mit seiner Gnade hatte er ziemlichen Erfolg. Sofort

nach seiner Ankunft hatte er den Plan gefaßt, jeden Tag den Kindern Christenlehre zu erteilen. Aber sein Bruder widersetzte sich dem heftig und meinte, es werde doch niemand kommen. Darauf entgegnete er ihm, er sei mit einem einzigen Zuhörer zufrieden. Indessen war es, nachdem er einmal damit angefangen hatte, eine große Zahl, die regelmäßig kamen, um ihn zu hören, und darunter sogar sein Bruder.

Außer daß er Christenlehre erteilte, predigte er auch an den Sonn- und Feiertagen mit Erfolg und Nutzen der Leute, die viele Meilen weit herkamen, um ihn zu hören. Ebenso wandte er viel Mühe auf, um einige Mißbräuche abzustellen. Und mit der Hilfe Gottes wurde in mancher Hinsicht Ordnung geschaffen. So erreichte er beispielsweise, daß das Spielen unter Strafe verboten wurde, indem er den Leiter der Rechtspflege von dieser Notwendigkeit überzeugte. Außerdem gab es dort noch einen andern Mißbrauch: die Mädchen in jenem Landstrich gehen nämlich immer unbedeckten Hauptes und setzen erst am Tage ihrer Hochzeit eine Haube auf. Indessen gibt es viele, die mit Priestern und anderen Männern zusammenleben und ihnen die Treue halten, als ob sie deren rechtmäßige Ehefrauen wären. Dies ist so allgemeiner Brauch, daß solche Konkubinen sich durchaus nicht schämen, in der Öffentlichkeit zu erklären, sie trügen um dieses oder jenes Mannes willen die Frauenhaube, obwohl sie als Konkubinen bekannt sind.

89 Dieser Mißbrauch hat viele üble Folgen. Der Pilger erreichten beim Gouverneur, daß dieser eine Verordnung erließ, derzufolge alle, die um irgendeines Mannes willen die Frauenhaube tragen, aber nicht deren rechtmäßige Ehefrauen sind, gerichtlich bestraft

würden. Auf diese Weise wurde jener Mißbrauch allmählich ganz und gar abgestellt. Er veranlaßte auch
die Herausgabe einer Armenordnung, die eine öffentliche und regelmäßige Fürsorge gewährleisten sollte.
Auch sorgte er dafür, daß man dreimal am Tage zum
Gebet läute, nämlich am Morgen, Mittag und Abend,
damit die ganze Gemeinde wie in Rom den Englischen
Gruß bete. Zu Beginn seines Aufenthaltes ging es ihm
zwar ganz gut, aber danach wurde er schwer krank.
Kaum wiederhergestellt, entschloß er sich zum Aufbruch, um die Angelegenheiten zu erledigen, die ihm
seine Gefährten aufgetragen hatten, und zwar wollte
er ohne jedes Geld die Reise machen. Darüber hielt
sich sein Bruder sehr auf, da er sich schämte, daß er
zu Fuß gehen wolle. Gegen Abend gab der Pilger
schließlich so weit nach, daß er sich bereit fand, zu
Pferd in Begleitung seines Bruders und seiner Ver-
wandten bis an die Provinzgrenze zu reiten.

90 Als er aber das Gebiet der Provinz verlassen hatte,
stieg er vom Pferde und ging zu Fuß, ohne ein Reise-
geld anzunehmen, nach Pamplona. Von dort nach
Almazán, der Heimat des Paters Laynez, und dann
nach Sigüenza und Toledo, und von Toledo nach
Valencia. In all diesen Heimatgemeinden seiner Gefährten wollte er absolut nichts annehmen, sosehr man
ihm auch bedeutende Gaben aufzudrängen suchte.
In Valencia sprach er mit Castro, der dort Kartäusermönch war. Als er sich nach Genua einschiffen wollte,
ersuchten ihn seine Bekannten in Valencia dringend,
es nicht zu tun, da, wie sie unter anderem sagten,
Barbarossa mit vielen Galeeren das Meer unsicher
mache. So viele Gründe sie ihm aber auch vortrugen,
genug, um ihn allerdings in Furcht zu versetzen, so

vermochte doch keiner ihn in seinem Entschluß wankend zu machen.

91 Er machte die Überfahrt auf einem großen Schiff und überstand dabei jenen Sturm, von dem schon früher die Rede war, im Zusammenhang nämlich mit jenem Bericht, daß er dreimal in unmittelbarer Todesgefahr schwebte.

Nach seiner Ankunft in Genua machte er sich auf den Weg nach Bologna. Unterwegs mußte er viel Ungemach erleiden, besonders einmal, als er den Weg verlor. Da schlug er einen Pfad entlang einem Flusse ein, der in der Tiefe dahinfloß, während der Pfad in der Höhe am Hang dahinführte. Je weiter er ging, desto enger wurde der Pfad, bis er schließlich ganz aufhörte, so daß er nicht mehr weitergehen, aber auch nicht umkehren konnte. So kroch er denn auf allen vieren weiter, und auf diese Weise legte er ein gut Stück Weges zurück unter größter Angst. Denn bei jeder Bewegung glaubte er in den Fluß zu stürzen. Und dies war die größte Anstrengung und körperliche Mühe, die er je durchzumachen hatte. Aber schließlich kam er doch heil davon. Wie er nach Bologna hineingehen wollte, mußte er über einen schmalen Holzsteg, wobei er von dem Brücklein herunterfiel. Und als er sich dann wieder, voll von Schlamm und Wasser, herausarbeitete, erregte er bei den zahlreichen Umstehenden großes Gelächter.

Sofort nach dem Betreten der Stadt Bologna bettelte er wieder um Almosen, bekam aber nicht einmal einen einzigen Pfennig, obwohl er die ganze Stadt durchzog. Einige Zeit war er in Bologna krank. Dann ging er weiter nach Venedig, immer auf die gleiche Weise.

Zehntes Kapitel

Vergebliches Warten

92 In Venedig war er damals damit beschäftigt, Geistliche Übungen zu geben und sonstige religiöse Gespräche zu führen. Die bedeutendsten Persönlichkeiten, denen er sie gab, waren Magister Petrus Contarini und Magister Caspar de Dotti und ein Spanier namens Rozas. Es hielt sich dort noch ein weiterer Spanier auf, der Bakkalaureus Hoces hieß. Dieser verkehrte oft mit dem Pilger und auch dem Bischof von Chieti. Obgleich er in etwa den Wunsch hatte, die Geistlichen Übungen zu machen, führte er ihn zunächst nicht aus. Schließlich entschloß er sich doch, sie wenigstens anzufangen. Nachdem er drei oder vier Tage die Übungen gemacht hatte, teilte er dem Pilger seine geheimen Gedanken mit und sagte ihm, er habe befürchtet, man würde ihm in den Übungen irgendeine schlechte Lehre vorlegen; solche Dinge habe ihm irgendwer erzählt. Und aus diesem Grund habe er auch eine Auswahl von Büchern mitgebracht, um in ihnen nachschlagen zu können, falls man ihn hinters Licht führen wollte. Dieser nun machte die Geistlichen Übungen mit beachtlichem Erfolg, und an ihrem Ende faßte er den Entschluß, die Lebensweise des Pilgers selbst anzunehmen. Er war auch der erste aller seiner Gefährten, der starb.

93 In Venedig erhob sich wiederum gegen den Pilger eine Verfolgung, da dort nicht wenige behaupteten, sein Bild sei in Spanien und in Paris verbrannt worden. Das Gerücht verbreitete sich derart, daß ein Prozeß angestrengt wurde, dessen Urteil zugunsten des Pilgers erging.

Die neun Gefährten kamen Anfang 1537 nach Venedig. Dort teilten sie sich in einzelne Gruppen auf, um in verschiedenen Spitälern die Kranken zu pflegen. Nach zwei oder drei Monaten zogen dann alle nach Rom weiter, um vom Papst den Segen für ihre Wallfahrt nach Jerusalem zu empfangen. Nur der Pilger ging nicht mit ihnen aus Rücksicht auf den Doktor Ortiz und auch wegen des eben ernannten Theatinerkardinals. Die Gefährten kamen von Rom zurück mit Geldanweisungen über zwei- oder dreihundert Dukaten, die ihnen als Almosen für die Wallfahrt nach Jerusalem geschenkt worden waren. Sie wollten jedoch das Geld nur in Wechseln annehmen, die sie später, da sie nicht nach Jerusalem reisen konnten, denen wieder zurückerstatteten, die sie ausgestellt hatten.

Die Gefährten machten den Rückweg auf die gleiche Weise wie den Hinweg, das heißt zu Fuß und bettelnd; sie waren in drei Gruppen aufgeteilt, so daß immer welche aus verschiedenen Nationen beisammen waren. Dort in Venedig wurden die, die noch nicht Priester waren, geweiht. Die Vollmachten dazu gab der Nuntius, der damals in Venedig war, nämlich der spätere Kardinal Veralli. Sie empfingen die Weihen auf den Titel der Armut, und alle legten das Gelübde der Keuschheit und der Armut ab.

94 In jenem Jahr gingen keine Schiffe nach dem Nahen Orient, da die Venezianer die Beziehungen mit den Türken abgebrochen hatten. Da sie nun sahen, daß die Möglichkeit einer Überfahrt in weite Ferne rückte, verteilten sie sich über das Gebiet der Venezianischen Republik mit der Absicht, dort das Jahr abzuwarten, das sie sich vorgenommen hatten. Und wenn bis Ablauf dieses Jahres sich keine Fahrgelegenheit geben sollte, wollten sie dann nach Rom ziehen.

Den Pilger traf das Los, mit Favre und Laynez nach
Vicenza zu gehen. Dort kamen sie außerhalb der Stadt
in einem verfallenen Haus unter, das keine Türen und
Fenster hatte und wo sie auf ein wenig Stroh schliefen,
das sie zusammengetragen hatten. Zwei von ihnen
gingen jeden Tag zweimal in die Stadt, um Almosen
zu erbetteln, und was sie bekamen, war so wenig, daß
sie kaum das Leben fristen konnten. Gewöhnlich aßen
sie ein wenig in Wasser gekochtes Brot, wenn sie solches hatten. Die Sorge für die Küche hatte der, der zu
Hause blieb. Auf diese Weise verbrachten sie vierzig
Tage, während deren sie sich nur dem Gebete wid-
meten.

95 Nach Ablauf der vierzig Tage stieß Magister Codure
zu ihnen, und alle vier beschlossen, mit Predigen anzufangen. Sie gingen auf verschiedene Plätze, und zur
gleichen Stunde am gleichen Tag begannen alle vier
mit ihren Predigten. Sie riefen zunächst mit lauter
Stimme das Volk herbei und schwenkten ihre Mützen.
Diese Predigten verursachten viel Aufsehen in der
Stadt, und nicht wenige Zuhörer ließen sich zu einem
frommen Leben bewegen. Sie selbst bekamen nun
auch die zum Leben notwendigen Mittel in reich-
licherem Maße.

In jener Zeit, da er sich in Vicenza aufhielt, hatte er
viele geistliche Erleuchtungen und viele, ja fast regelmäßige Tröstungen, ganz anders als es während der
Pariser Zeit war. Vor allem als er begann, sich auf die
Priesterweihe in Venedig vorzubereiten, oder als er
sich für die erste Messe vorbereitete, hatte er auf allen
jenen Reisen große übernatürliche Heimsuchungen,
ähnlich jenen, die er so häufig während seines Aufenthaltes in Manresa hatte. Noch in Vicenza erfuhr er,

daß einer der Gefährten, der in Bassano weilte, auf den Tod krank war, und er selber war gerade damals auch fieberkrank. Trotzdem machte er sich sofort auf den Weg. Und er schritt so rasch aus, daß Faber, der ihn begleitete, ihm nicht zu folgen vermochte. Unterwegs empfing er von Gott die Gewißheit — und er teilte dies Faber mit —, daß der Gefährte nicht an jener Krankheit sterben werde. Durch seine Ankunft in Bassano wurde der Kranke sehr getröstet und genas bald.

Danach kehrten sie alle nach Vicenza zurück, und eine Zeitlang blieben dort alle zehn, wobei einige von ihnen das Haus verließen, um in den Ortschaften nahe bei Vicenza Almosen zu erbetteln.

96 Nachdem nun das Jahr vorbeigegangen war, ohne daß sich eine Fahrgelegenheit gegeben hatte, beschlossen sie, nach Rom zu gehen. Auch der Pilger ging mit, da beim ersten Male, als nur die Gefährten dorthin gegangen waren, sich jene zwei Männer, derentwegen er Bedenken gehabt hatte, sich äußerst wohlwollend gezeigt hatten.

In drei oder vier Gruppen aufgeteilt, legten sie den Weg nach Rom zurück, der Pilger mit Faber und Laynez zusammen. Und auf dieser Reise wurde er ganz besonders von Gott heimgesucht.

Er hatte sich vorgenommen, nach der Priesterweihe noch ein Jahr bis zur Feier der Primiz zu warten, um sich darauf vorzubereiten und zu Unserer Lieben Frau zu beten, sie möchte ihn ihrem Sohne zugesellen.

Als er eines Tages einige Meilen vor der Ankunft in Rom in einer Kirche weilte und dort betete, hat er eine solche Umwandlung in seiner Seele verspürt und so deutlich eine Schau gehabt, wie Gott der Vater ihn

Christus Seinem Sohn zugesellte, daß er daran überhaupt nicht mehr zu zweifeln wagen konnte, Gott der
Vater habe ihn Seinem Sohne zugesellt. Ich, der Schreiber dieses Berichtes, sagte zum Pilger, als er mir dies
erzählte, daß Laynez diese Begebenheit noch mit einigen weiteren Einzelheiten berichtet habe, soviel ich
wüßte. Er antwortete mir, daß alles, was Laynez darüber gesagt habe, der Wahrheit entspreche; denn er
selbst erinnere sich nicht mehr so genau im einzelnen.
Jedoch wisse er ganz bestimmt, daß er damals, als er
diese Begebenheit erzählt habe, nur die reine Wahrheit gesagt habe. Die gleiche Bemerkung machte er mir
gegenüber auch in anderen Zusammenhängen.

97 Als sie dann nach Rom kamen, sagte er zu den Gefährten, er sehe die Fenster verschlossen; damit wollte
er sagen, daß sie hier viel Widerspruch erfahren
sollten. Einmal sagte er auch: „Wir müssen uns sehr in
acht nehmen, und wir dürfen uns in kein Gespräch mit
Frauen einlassen, es sei denn mit Damen von vornehmem Stand." Noch einige Worte zu diesem Punkt:
Später hörte in Rom Magister Franziskus eine Frau
Beicht und besuchte sie einige Male, um mit ihr über
geistliche Dinge zu sprechen. Etwas später kam heraus,
daß diese Frau schwanger war. Indessen fügte es der
Herr, daß der Schuldige entdeckt wurde. Etwas Ähnliches mußte Johann Codure bei einer seiner geistlichen Töchter erfahren, die mit einem Manne zusammen angetroffen wurde.

ELFTES KAPITEL

Am Ziel der Pilgerfahrt

98 Von Rom ging der Pilger nach Monte Cassino, um dem Doktor Ortiz die Geistlichen Übungen zu geben, und er blieb dort vierzig Tage. Während dieser Zeit sah er eines Tages, wie der Bakkalaureus Hoces in den Himmel ging. Dabei vergoß er viele Tränen und empfand zugleich großen geistlichen Trost. Diese Erscheinung war so deutlich, daß er seiner Meinung nach es eine Lüge nennen müßte, würde er etwas anderes sagen. Von Monte Cassino brachte er Franz Strada mit sich.

Nach Rom zurückgekehrt, war er damit beschäftigt, den Seelen zu helfen — noch immer wohnten sie in dem Weinberg —, und er gab zur selben Zeit die Geistlichen Übungen mehrerer Personen. Von diesen wohnte eine bei Maria Maggiore und die andere in der Nähe des Ponte Sisto.

Bald darauf begannen die Anfeindungen, und Miguel fing damit an, den Pilger zu belästigen und übel von ihm zu reden. Dieser ließ ihn vor den Governatore vorladen, dem er zuvor einen Brief des Miguel gezeigt hatte, in dem dieser über den Pilger viel Lobendes geschrieben hatte. Der Governatore verhörte Miguel, und das Urteil war, daß er aus Rom verbannt wurde.

Dann begannen die Verfolgungen durch Mudarra und Barreda. Diese behaupteten, der Pilger und seine Gefährten hätten aus Spanien, Paris und Venedig fliehen müssen. Schließlich gestanden alle beide vor dem Governatore und dem damaligen Legaten von Rom, daß sie nichts Nachträgliches gegen sie zu sagen hätten, weder über ihren Lebenswandel noch über ihre Lehre. Der Legat ordnete an, jene ganze Angelegenheit damit als erledigt anzusehen. Jedoch war der Pilger nicht damit einverstanden, sondern er sagte, er fordere ein gerichtliches Urteil. Der Legat und auch der Governatore waren dagegen, ebenso die Freunde, die den Pilger zuvor unterstützt hatten. Nach einigen Monaten endlich kam der Papst nach Rom zurück. Der Pilger ging nach Frascati, um mit ihm zu sprechen, und er legte ihm mehrere Gründe vor. Der Papst ließ sich beeindrucken und befahl, daß ein Gerichtsurteil gefällt werde, das dann zu seinen Gunsten ausfiel, und anderes mehr.

Mit Unterstützung des Pilgers und seiner Gefährten entstanden in Rom mehrere fromme Werke, so das Haus für die Katechumenen, das Marthaheim und das Waisenhaus und noch andere.

Das übrige kann Magister Nadal berichten.

99 Nachdem er diese Begebenheiten erzählt hatte, stellte ich am 20. Oktober dem Pilger noch einige Fragen bezüglich der Geistlichen Übungen und der Konstitutionen, da ich erfahren wollte, wie er sie verfaßt habe. Er sagte mir: er habe die Geistlichen Übungen nicht in einem Zug niedergeschrieben, sondern zunächst nur einige Punkte, die er in seinem Inneren beobachtete und die er nutzbringend fand. Er habe geglaubt, sie könnten auch für andere Menschen von Nutzen sein, und daher habe er sie zu Papier gebracht, so zum Beispiel die Gewissenserforschung mit jenem Linienschema und anderes mehr. Besonders die Abschnitte über die Wahl, so sagte er mir, habe er jener Verschiedenheit der Geister und Gedanken entnommen, die er in Loyola in sich erfuhr, als er noch infolge der

Beinverwundung daniederlag. Und er fügte hinzu, daß er am Abend noch etwas über die Konstitutionen mir sagen wolle.

Am gleichen Tag noch vor dem Abendessen ließ er mich rufen. Er hatte den Ausdruck eines Menschen, der sich ganz besonders gesammelt hat, und er gab vor mir gleichsam eine Art feierlicher Erklärung ab, deren Hauptinhalt der war, die Eindeutigkeit seiner Absicht zu betonen, mit der er diese Ereignisse erzählt hatte. Er fügte hinzu, er sei sicher, daß er nichts weiter mehr berichten werde. Er hätte zwar viele Beleidigungen gegen Unsern Herrn begangen, nachdem er angefangen habe, Ihm zu dienen; jedoch habe er nie seine Einwilligung zu einer schweren Sünde gegeben. Vielmehr habe seine Andacht immer mehr zugenommen, das heißt: die Leichtigkeit, mit Gott in Verbindung zu treten, und diese sei jetzt größer als je sonst in seinem ganzen Leben. Immer und zu jeder Stunde, wann er Gott finden wolle, könne er Ihn finden. Auch jetzt noch würden ihm oftmals Erscheinungen zuteil, besonders solcher Art, wie sie zuvor beschrieben wurden, daß er nämlich Christus als Sonne sehe. Dies habe er häufig erfahren, wenn er gerade wichtige Fragen zu erledigen hatte, und so seien ihm jene Erscheinungen als Bestätigung vorgekommen.

100 Auch bei der Feier der Messe habe er vielmals Visionen, und ebenso habe er solche sehr häufig bei der Ausarbeitung der Konstitutionen gehabt. Dies könne er jetzt um so sicherer behaupten, da er jeden Tag niedergeschrieben habe, was in seiner Seele vorging, und er jetzt diese Aufzeichnungen noch vor sich habe. Er zeigte mir einen ziemlich großen Stoß beschriebener Blätter, von denen er mir einen guten Teil vorlas. Das

meiste waren Visionen, die er zur Bestätigung einiger Bestimmungen der Konstitutionen hatte. Einige Male schaute er Gott Vater, andere Male die Drei Personen der Dreifaltigkeit, dann wieder die allerseligste Jungfrau, wie sie Fürsprache einlegte oder ihre Bestätigung erteilte.

Im besonderen sprach er zu mir von den Überlegungen, die er durch vierzig Tage hindurch anstellte, wobei er jeden Tag dafür die Messe las, immer unter vielen Tränen. Die Frage, worum es ging, war, ob die Kirchen irgendwelche feste Einkünfte haben sollten und ob die Gesellschaft diese für sich verwenden könne.

101 Bei der Ausarbeitung der Konstitutionen ging er so voran: jeden Tag feierte er die Messe und legte dabei den Punkt, mit dem er gerade beschäftigt war, Gott vor und sann dann im Gebet darüber nach. Und immer waren das Gebet und die Meßfeier von Tränen begleitet.

Ich wollte alle jene Aufzeichnungen über die Konstitutionen einsehen und bat ihn daher, er möchte sie mir für eine kurze Zeit überlassen. Aber er hat nicht gewollt.

ERLÄUTERUNGEN

ERLÄUTERUNGEN ZUM VORWORT DES PATERS NADAL

(Die Randnummern verweisen auf die entsprechenden Nummern des Textes)

2 Die Gesellschaft Jesu wurde am 27. September 1540 von Papst Paul III. in der Bulle ‚Regimini militantis Ecclesiae' bestätigt und als kirchlicher Orden anerkannt. Derselbe Papst approbierte mit dem Breve ‚Pastoralis officii' vom 31. Juli 1548 das Buch der Geistlichen Übungen. Um 1550 waren nach ungefähr zehnjähriger Arbeit die Konstitutionen, das Gesetzbuch des Ordens, im wesentlichen abgeschlossen, wenn auch die folgenden Jahre noch einige Änderungen und Zusätze brachten. — Die Jahresangabe 1551 ist entweder ein Irrtum Nadals oder ein Abschreibefehler; denn Nadal war das ganze Jahr 1551 hindurch außerhalb Roms in Sizilien und kam erst im Januar 1552 von dort nach Rom zurück.

3 Juan de Polanco, geboren 1517 in Burgos, wo seine Familie zum reichen Patriziat der Stadt gehörte, war 1541 in den Orden eingetreten. Seit 1547 weilte er in unmittelbarer Nähe des Ignatius in Rom als dessen Sekretär. Seine Arbeitskraft und sein Organisationstalent machten ihn für die Ordenszentrale unentbehrlich. Neben den laufenden Arbeiten begann Polanco bald nach seiner Berufung nach Rom mit der Sammlung und Bearbeitung der für die Frühgeschichte des Ordens wichtigen Dokumente. — Der zweite hier genannte Pater, der Südfranzose Poncio Cogordan, war seit 1549 mit der wirtschaftlichen Verwaltung des Profeßhauses in Rom beauftragt, wo auch der Ordensgeneral wohnte. — Nadal war im Frühjahr 1552 erneut nach Sizilien gegangen und wurde im Januar 1553 wiederum nach Rom berufen, wo er bis zum April dieses Jahres blieb. Er ging dann als Visitator nach Spanien und Portugal. Daß dann bei seiner Rückkehr nach Rom 1554 noch nichts in der fraglichen Angelegenheit unternommen worden sei, ist ein Irrtum Nadals, da tatsächlich Ignatius schon 1553 mit dem Bericht begonnen hatte.

4 Die erste Generalkongregation, deren Hauptaufgabe es war, dem Orden einen neuen Generalobern als Nachfolger des 1556 verstorbenen Ignatius zu geben, fand wegen der politischen Spannungen zwischen Papst Paul IV. und Spanien erst 1558 statt. Die Wahl fiel auf Diego Laynez, der zur Gründergeneration des Ordens gehörte und nach dem Tode des Ignatius die vorläufige Ordensleitung übernommen hatte. Die Assistenten — damals wurden vier gewählt für Italien, Spanien, Portugal und die nordischen Länder — sind die engsten beratenden Mitarbeiter des Ordensgenerals. — König Sebastián von Portugal, der letzte Sproß aus dem Hause Aviz, regierte von 1557 bis 1580; bis zu seiner Mündigkeitserklärung 1568 führte seine Großmutter, Königin Catarina, für ihn die Regierung. — Pater Annibale du Coudray aus Savoyen war zur Zeit, da der Bericht abgefaßt wurde, in Sizilien. 1558—1561 hielt er sich in Rom auf und ging dann nach Frankreich. Vermutlich fällt die Übersetzung des Berichts in die drei Jahre seines römischen Aufenthaltes. Er war ein guter Latinist, übersetzte jedoch im Stil der damaligen Zeit ziemlich frei.

ERLÄUTERUNGEN
zum Vorwort des Paters Goncalves

(Die Randnummern verweisen auf die entsprechenden Nummern des Textes)

1 Vermutlich trug jener Teil des Profeßhauses den Namen ‚Der Herzog‘, weil der heilige Franz Borja, Herzog von Gandía, bei seinem Aufenthalt in Rom 1550/51 ebendort Wohnung genommen hatte. — Was Ignatius damals dem Pater Gonçalves aus seinem eigenen Leben erzählte, wird in dem folgenden Bericht (Nr. 36) wieder erwähnt.

2 Das Diktat begann nicht erst im September, sondern bereits Ende August 1553, wie aus dem Text des Berichtes (Nr. 10) selbst ersichtlich ist. Der Grund für die Unterbrechung dürfte Ignatius' schlechter Gesundheitszustand gewesen sein. In einem Brief vom 23. September 1553 ist jedenfalls vermerkt, daß es dem Ordensgeneral in der letzten Zeit sehr schlecht gehe und daß er sich noch immer nicht wohlfühle. — Da das Original der Niederschrift nicht mehr erhalten ist, haben wir nicht mehr die Möglichkeit, auf Grund der Verschiedenheit der Handschriften, auf die Gonçalves hier ausdrücklich hinweist, genau die Bruchstelle zwischen dem ersten Bericht von 1553 und der Fortsetzung von 1555 zu bestimmen. Infolge des Fehlens dieses eindeutigen Unterscheidungsmerkmals sind wir auf anderweitige Anhaltspunkte angewiesen. Aus einer Notiz des gleichen Gonçalves in seinem Tagebuch, die sicher nicht vor dem 17. Februar 1555 niedergeschrieben wurde, ergibt sich, daß Ignatius eben damals über die große Erscheinung von Manresa berichtet hat, welche in Nr. 30 des Textes vorliegt. Da diese jedoch als fünfter Punkt in einem größeren systematischen Zusammenhang steht, der wohl keine über zwei Jahre sich erstreckende Unterbrechung erlaubt, sondern einen fortlaufenden, in sich geschlossenen Bericht verrät, ist dieser ganze Teil in das Jahr 1555 anzusetzen. Anderseits wissen wir aus der Vorbemerkung des Paters Gonçalves, daß der erste Bericht von 1553 bis zum Beginn des Aufenthaltes in Manresa reichte. Dementsprechend läßt sich die Unterbrechung in Nr. 27 ansetzen, deren zweiter Absatz in nur losem gedanklichen Zusammenhang mit dem Vorhergehenden steht, so daß sich in diesem Bruch eine erst nach längerer Zeit der Unterbrechung wiederaufgenommene Fortsetzung des Berichtes zu verraten scheint.

3 Auch im Jahr 1554 erfahren wir von mehrfacher Erkrankung des Ordensgenerals. Der Gesundheitszustand erschien so bedenklich, daß im April des Jahres eine eigene Kommission von vier Patres zur Erledigung der laufenden Geschäfte bestellt wurde. Nach der Rückkehr Nadals aus Spanien wurde dieser dann am 1. November zur weiteren Entlastung des Ignatius als Generalvikar bestimmt. Indessen besserte sich das Befinden des Heiligen wieder um die Jahreswende.

4 Das 1551 begonnene Römische Kolleg, das Ignatius zur zentralen Musteranstalt für die theologische Ausbildung

machen wollte, hatte in den ersten Jahren seines Bestehens mit großen finanziellen Schwierigkeiten zu kämpfen. In der Korrespondenz des Heiligen kehrt diese Angelegenheit immer wieder. Er versuchte, in allen katholischen Ländern materielle Unterstützung für das Unternehmen zu finden, das tatsächlich auf die innerkirchliche Reform entscheidenden Einfluß hatte. — Die Entsendung von Jesuitenmissionaren nach Äthiopien war zum erstenmal 1545 angeregt worden, wurde jedoch infolge Zögerns des portugiesischen Hofes nicht durchgeführt. Erst 1553 begann Lissabon die Angelegenheit ernster zu betreiben. Anfang 1554 wurde in Rom die Expedition zusammengestellt, deren Mitglieder im September von Rom über Lissabon nach Afrika abreisten; doch blieb der erwartete äußere Erfolg aus. — Als Nachfolger des Papstes Julius III. wurde am 9. April Kardinal Cervini gewählt, der den Namen Marcellus II. annahm; er starb jedoch bereits am 1. Mai. Am 23. Mai bestieg dann der Theatinerkardinal Gian Pietro Carafa als Paul IV. den Päpstlichen Stuhl. Der Kirchenfürst hatte sich zuvor Ignatius und dessen Orden gegenüber sehr reserviert verhalten, besonders da dieser den Vorschlag einer Vereinigung der Gesellschaft Jesu mit dem Theatinerorden abgelehnt hatte. Als die Wahl in Rom bekannt wurde, zitterten Ignatius nach seinen eigenen Worten „alle Knochen im Leibe". — Der ‚Rote Turm' stieß an das Profeßhaus und war Ende 1553 dazugekauft worden, um dem Platzmangel abzuhelfen. Das Gebäude hieß so nach dem Familiennamen der früheren Besitzer dei Rossi.

5 Die Regel, auf die Ignatius Pater Gonçalves verwies, ist die zweite der sogenannten ‚Regeln der Bescheidenheit': „Man halte für gewöhnlich die Augen niedergeschlagen, ohne sie zu erheben und sie da- und dorthin schweifen zu lassen; wenn man mit jemandem spricht, besonders bei Personen, denen man Ehrfurcht schuldet, soll man nicht die Augen auf dessen Gesicht richten, sondern sie für gewöhnlich niederschlagen." — Der Eindruck, als ob das in diesem Abschnitt Berichtete sich auf einen einzigen Tag bezöge, wird durch die Bemerkung richtiggestellt, daß das letzte Gespräch am Vortag der Abreise des Paters Gonçalves, das heißt am 22. Oktober 1555, stattfand.

ERLÄUTERUNGEN ZUM TEXT DES BERICHTES

(Die Randnummern verweisen auf die entsprechenden Nummern des Textes)

1 Die Zeitangabe ‚bis zum Alter von 26 Jahren‘ macht bei der Berechnung des Geburtsjahres des Heiligen einige Schwierigkeiten. Der in unmittelbarem Zusammenhang damit folgende Bericht über seine Verwundung bezieht sich sicher auf das Jahr 1521. Demnach ergäbe sich als Geburtsjahr 1495, dem jedoch gewichtige andere Zeugnisse widersprechen. Nach den eingehenden Studien des maßgebenden Ignatiusforschers, Pater de Leturias, ist es vielmehr als erwiesen anzusprechen, daß Ignatius im Jahre 1491 geboren wurde. Die abweichende Angabe unserer Stelle wird teils erklärt durch Annahme einer schon etwa ab 1517 einsetzenden allmählichen Umkehr im Leben des Heiligen — wogegen jedoch der enge Zusammenhang mit dem in das Jahr 1521 fallenden Ereignis spricht —, teils aufgefaßt als Schreibfehler. Aber auch diese zweite Erklärung ist nicht befriedigend, da der Heilige selbst im vorliegenden Bericht (Nr. 30), und zwar in dem aus dem Jahr 1555 stammenden Teil, sagt, er habe das 62. Lebensjahr vollendet. Wir müssen daher annehmen, daß Ignatius sein genaues Geburtsjahr nicht anzugeben wußte, was in der damaligen Zeit durchaus nichts Auffallendes war. — Die ‚Eitelkeiten der Welt‘, denen Ignatius ergeben war, sind ebenso wie die ‚Jugendstreiche‘, die Pater Gonçalves in seinem Prolog erwähnt, sehr vieldeutige Ausdrücke. Ob hier der Schreiber des Berichtes die näheren Einzelheiten ausließ oder ob Ignatius selbst mit diesen unbestimmten Worten sein früheres Leben vor der Verwundung zusammenfaßte, ist eine noch ungelöste Frage. Jedenfalls haben wir uns den jungen Offizier Inigo durchaus nicht besser als seine Kameraden vorzustellen und dürfen deshalb unter diesen allgemeinen Wendungen die damals üblichen Ehren- und Liebeshändel verstehen, ohne daß sich noch nähere Einzelheiten heute feststellen lassen. Aus Gerichtsakten von Azpeitia, die jedoch nur unvollständig erhalten sind, wissen wir, daß er 1515 zusammen mit seinem Bruder Pero López wegen „großer und bedeutender Vergehen“ in einen Prozeß verwickelt wurde; unter Berufung auf die in jungen Jahren empfangene Tonsur, mit der er in den Klerikerstand aufgenommen war, entzog er sich jedoch der weltlichen Gerichtsbarkeit. Polanco, der vertraute Sekretär des Ignatius, faßte dessen früheres Leben in seinem ersten Entwurf einer Ordensgeschichte mit etwas bestimmteren Worten zusammen: „Zwar war er für seinen Glauben begeistert, jedoch entsprach diesem sein Leben durchaus nicht, und er hütete sich nicht vor Sünden. Vielmehr tat er sich besonders in Spiel und Frauengeschichten, in Streit und Waffenhändeln hervor, wie es Brauch seiner Zeit war." Jedenfalls dürfte die Auffassung, Ignatius habe aus seiner späteren und strengeren Sicht an sich harmlose Begebenheiten seines früheren Lebens vor der Bekehrung allzu hart beurteilt, dem Zusammenhang unserer Stelle in keiner Weise entsprechen. — Das nun folgende militärische Ereignis ist ein Ausschnitt aus dem Krieg zwischen Spanien und Frankreich um das Königreich Navarra. Dieses Land war vor allem wegen seiner geographischen Lage seit mehr als einem halben Jahrhundert ein Streitobjekt zwischen den beiden größeren Nachbarstaaten und hatte in seinem Innern zwei sich bekämpfende Parteien, die profranzösischen Agramontesen und die spanienfreundlichen Beaumontesen. Im Zusammenhang mit der Heiligen Liga von 1510, in der sich Venedig, England und Spanien mit Papst Julius II. gegen Ludwig XII. von Frankreich verbündeten, wurde 1512 das Königreich Navarra durch die Truppen Ferdinands des Katholischen besetzt. Ein mit militärischer Unterstützung der Franzosen unternommener Versuch des geflohenen Königs Jean d'Albret, das verlorene Land wiederzugewinnen, wurde abgeschlagen und 1515 Navarra offiziell mit Kastilien vereinigt. Nach dem Tode Ferdinands im Januar 1516 entstanden innere Unruhen gegen die weithin verhaßte spanische Herrschaft, die jedoch von dem Regenten Kardinal Cisneros niedergeschlagen wurden. Antonio Manrique de Lara, Herzog von Nájera, wurde zum Vizekönig des Landes ernannt. Bei ihm trat Inigo de Loyola 1517 in Dienst. Der Ausbau der Zitadelle von Pamplona, der Hauptstadt von Navarra, wurde beschleunigt betrieben. Mit der Abreise Karls V. aus Spanien, der zur Kaiserwahl nach Deutschland ging, und mit dem Beginn des Aufstandes der Comuneros wurde die Lage erneut gefährlich, da der Vizekönig den Großteil seiner Grenztruppen zur Befriedung im Innern Spaniens abgeben mußte. Die Franzosen nützten diese Gelegenheit; im Mai 1521 überschritt das französische Heer unter André de Foix die Grenze und rückte in einem regelrechten Blitzkrieg vor. Kaum zehn Tage nach dem Beginn der Feindseligkeiten standen die Truppen bereits vor Pamplona; wenige Tage zuvor war der Vizekönig von hier nach Kastilien geeilt, um Verstärkungen herbeizuholen. Inigo selbst war eben in seiner baskischen Heimat, von wo er in größter Eile nach Pamplona zurückritt und sich gerade noch am Abend des Pfingstsonntags durch die französenfreundliche Stadt auf die Zitadelle durchschlagen konnte. Noch am gleichen Tag zog die Vorhut des französischen Heeres in die Stadt ein. In spanischem Besitz blieb nur die Zitadelle, die sich am Pfingstmontag, 20. Mai 1521, nach sechsstündiger Beschießung ergab. Zum Befehlshaber der Zitadelle hatte der Vizekönig noch vor seiner Abreise den Alcaiden Francisco de Herrera ernannt. Vor Beginn der Beschießung war dieser mit dem französischen Oberkommandierenden zu Verhandlungen über eine Übergabe der Zitadelle zusammengekommen; Herrera war dazu in Begleitung von drei Offizieren — einer von ihnen war Inigo — erschienen. Polanco berichtet darüber in seiner Materialsammlung zur Frühgeschichte des Ordens: „Ignatius sprach gegen die geplante Abmachung, da sie ihm unehrenhaft erschien. So war er die Ursache dafür, daß man die Waffen wieder ergriff und daß die Zitadelle verteidigt wurde. Der Widerstand dauerte an, bis durch die Beschießung die Mauern in Trümmer gelegt waren und er am Bein verwundet wurde." Der weitere Verlauf der kriegerischen Unternehmung sei noch kurz erwähnt. Obwohl in fünf weiteren Tagen ganz Navarra von den französischen Truppen besetzt war, ließ sich der Erfolg nicht lange halten. Denn nach der Niederwerfung des innerspanischen Aufstandes im April 1521 wurde das spanische Heer wieder frei und konnte sich gegen den auswärtigen Gegner wenden. Schon am 30. Juni blieben die Spanier in der Entscheidungsschlacht bei Noain im

Süden von Pamplona siegreich, und der Herzog von Nájera konnte erneut als Vizekönig in die Hauptstadt einziehen, wurde jedoch schon im November des gleichen Jahres 1521 abgelöst. — Daß Ignatius vor der Schlacht bei einem seiner Waffengefährten, also bei einem Laien, ‚beichtete‘, war für die damalige Zeit nichts Ungewöhnliches, wenn kein Priester zu erreichen war. Thomas von Aquin empfahl eine solche Laienbeichte für den Notfall, und noch gegen Ende des 15. Jahrhunderts findet sich in Beichtbüchern derselbe Rat. Natürlich handelt es sich dabei nicht um eine sakramentale Beichte mit der eigentlichen Lossprechung, sondern sie wurde als nützliche Hilfe betrachtet, um eine größere Gewißheit über die Aufrichtigkeit der eigenen Reue zu erlangen.

2 Bei den schlechten Straßenverhältnissen und dem bergigen Gelände zwischen Pamplona und Loyola gab es keine andere Transportmöglichkeit als die Sänfte, die ohnehin noch für den Schwerverwundeten qualvoll genug gewesen sein mußte. Wohl um den von den französischen Truppen besetzten Straßen und Ortschaften auszuweichen, wählte man nicht den kürzesten Verbindungsweg, sondern brachte den Verwundeten auf Nebenpfaden in die baskische Heimat. Zwei Wochen dauerte der Transport. In Loyola erwartete ihn die Schloßherrin Magdalena geborene Araoz, die Gemahlin seines ältesten Bruders Martín García, der mit seinen Leuten noch im Felde gegen die Franzosen stand. Die Schwägerin hatte an dem früh verwaisten Inigo Mutterstelle vertreten; eine dauernde Freundschaft, von der die Korrespondenz des Heiligen noch Zeugnis ablegt, verband die beiden für ihr ganzes Leben. — Das Schloß Loyola hatte in der zweiten Hälfte des 15. Jahrhunderts eine wesentliche bauliche Veränderung erfahren. Ursprünglich war es eine eigentliche Festung, eine Art Wohnturm, dessen oberster Teil 1457 von den sich gegen den Adel erhebenden Städten der baskischen Provinz Guipúzcoa mit Einverständnis des kastilischen Königs geschleift wurde. Vier Jahre später konnten mit königlicher Genehmigung zwei Stockwerke im eleganten Mudéjarstil aufgebaut werden. So wie der Stammsitz Loyola heute noch erhalten ist, hat er eine fast würfelförmige Gestalt mit einer Seitenlänge von etwa

sechzehn Metern; die untere Hälfte gehört noch der früheren Bauperiode an. Nach der Tradition wurde das schönste Zimmer des Hauses in dessen oberstem Stockwerk für den Verwundeten bestimmt.

3 Das Fest des heiligen Johannes des Täufers wird am 24. Juni, das der Apostelfürsten Petrus und Paulus am 29. Juni gefeiert. Die betonte Verehrung Inigos zum heiligen Petrus beweist, daß er auch vor seiner eigentlichen Bekehrung durchaus nicht unreligiös war. Überzeugte Gläubigkeit und eine ihr nicht entsprechende Lebensführung standen damals durchaus nicht im Widerspruch. Man darf in dieser besonderen Petrusverehrung nicht bloß eine Andacht zu irgendeinem Heiligen sehen, vielmehr ist sie als Ausdruck einer betont kirchlichen Haltung zu werten, da der heilige Petrus eben besonders im Mittelalter als Repräsentant der Kirche selbst aufgefaßt und verehrt wurde. Die Kirchentreue der Spanier wurde gerade durch die jahrhundertelangen Kämpfe gegen die maurische Fremdherrschaft zu einem Stück des nationalen Selbstbewußtseins. Diese Feststellung ist vor allem wichtig, um Ignatius' späteres Lebenswerk, die Gründung seines Ordens, der dem Papst ganz zur Verfügung stehen sollte, mit aus dem Zusammenhang seines Lebens verstehen zu können.

4 Der hier genannte ältere Bruder ist Martín García, der nach dem Tode des Vaters 1508 die Herrschaft Loyola übernommen und sie 1518 in ein Majorat umgewandelt hatte. Der älteste Bruder, Juan, war bereits 1496 bei Neapel in spanischem Dienst gefallen. Inigo selbst war der Jüngste von elf Geschwistern. — Nach der Vertreibung der Franzosen aus Navarra war Martín Anfang Juli 1521 nach Loyola zurückgekommen.

5 Als hauptsächlichsten Vertreter der hier erwähnten Romangattung nennt Ignatius selbst in Nr. 17 des Berichtes den ‚Amadís de Gaula'. Die heute geradezu untragbare Mischung von heroisierender Legende, schwärmerischer Romantik und frivoler Minneauffassung wurde zum Kennzeichen einer ganzen Literatur. Die dann tatsächlich von Ignatius gelesenen Bücher waren das Leben Jesu von Ludolf von Sachsen, einem Kartäusermönch des 14. Jahrhunderts, und der ‚Flos Sanctorum', eine Heiligenlegende des Dominikaners Jakob von Viraggio, der 1298 als Erzbischof von Genua gestorben ist. Beide Werke waren weit verbreitet. Ignatius benutzte sie in spanischen Übersetzungen aus dem Anfang des 16. Jahrhunderts, die durch seine fromme Schwägerin Magdalena in das Schloß Loyola gekommen waren. Vor ihrer Vermählung Hofdame bei Königin Isabella der Katholischen, war Magdalena dort mit den Anfängen der religiösen Vertiefung und Verinnerlichung in Spanien vertraut geworden.

6 Die Herzensdame des Inigo, die bloß durch die Betonung ihres hohen Standes näher bezeichnet wird, gab zu vielfältigen Hypothesen Anlaß. Die früher vorgetragene Vermutung, in der Herzensdame sei Germaine de Foix, die zweite Gattin Ferdinands des Katholischen, zu sehen, gilt mit Recht als überholt. Heute vermutet man in dieser Dame eine der Schwestern Karls V., entweder Leonore, seit 1519 verheiratet mit dem portugiesischen König Manoel, oder Isabella, die Gemahlin des Dänenkönigs Christian, oder Catarina, die jüngste Schwester des Kaisers, die 1525 mit João III. von Portugal vermählt wurde. Eine gewisse größere Wahrscheinlichkeit spricht für diese letzte Annahme. Inigo hatte die blutjunge Prinzessin, die einen Großteil ihrer Jugend bei ihrer Mutter, Johanna der Wahnsinnigen, in Tordesillas wie in einem goldenen Gefängnis zubringen mußte, als Page bei dem Großschatzmeister Juan Velázquez de Cuéllar dort kennengelernt und sich von ihrem freudlosen Schicksal rühren lassen.

8 Ignatius verweist hier auf seine eigene Erfahrung und Selbstbeobachtung als den Ausgangspunkt für die „Regeln zur Unterscheidung der Geister", die er am Ende des Exerzitienbuches zusammengestellt hat. Innere Stimmungen der Seele, wie Freude, Zufriedenheit, Trost einerseits und Trockenheit, Mißmut, Trostlosigkeit anderseits, sowie deren Aufsteigen und Vergehen bekommen hier eine über das bloß Psychologische hinausgehende Bedeutung, insofern sich aus ihnen der religiöse Zustand der Seele, ihr Verhältnis zu Gott, erkennen läßt. Hier wie im folgenden begegnet uns öfters der Ausdruck ‚Trost', den Ignatius in den genannten Regeln so umschreibt: „Von Trost rede ich, wenn in der Seele eine innere Bewegung entsteht, in deren Ge-

folge die Seele sich in Liebe zu ihrem Schöpfer und Herrn entflammt und demzufolge kein anderes geschaffenes Ding auf der ganzen Erde mehr in sich zu lieben vermag, sondern nur noch in Ihm, der alles geschaffen hat. Desgleichen, wenn einer Tränen vergießt, die ihn dazu bewegen, seinen Herrn zu lieben, sei es aus Schmerz über seine Sünden oder über das Leiden Christi unseres Herrn oder über anderes, was unmittelbar auf seinen Dienst und Lobpreis hingeordnet ist. Schließlich nenne ich Trost jegliche Mehrung von Glaube, Hoffnung und Liebe und jede innere Freude, die den Menschen lockt und hinführt zu den himmlischen Dingen und zum eigenen Seelenheil, indem sie ihm Ruhe und Frieden in seinem Schöpfer und Herrn schenkt."

10 Hier berichtet Ignatius von der ersten ihm zuteil gewordenen Vision, der noch so viele andere folgen sollten. Hier wie später ist die Zurückhaltung des Heiligen in Wort wie in der Beurteilung solcher Erscheinungen bemerkenswert. Seine nüchterne Verhaltenheit verrät, daß diese Ereignisse an sich in ihrer wahrnehmbaren Erscheinungsform für ihn nicht das Wesentliche waren, sondern die damit verbundene Erleuchtung und Festigung seiner geistigen Fähigkeiten. — In der lateinischen Übersetzung des Paters du Coudray steht irrig 1555. Die Monatsangabe ‚August', die mit der Bemerkung im Vorwort des Paters Gonçalves in Widerspruch steht, ist hier sicher ursprünglich, da die Niederschrift des Textes unmittelbar nach der mündlichen Erzählung folgte, während der Prolog erst etwa zwei Jahre später und offenbar in gewisser Eile verfaßt wurde.

11 Von diesem kunstvoll beschriebenen Kodex fehlt jede Spur. — Die Überlieferung berichtet, daß Ignatius auch noch später in seiner römischen Zeit oftmals den nächtlichen Sternenhimmel betrachtet und dabei einmal ausgerufen habe: „Wie schmutzig und niedrig erscheint doch die Erde, wenn ich den Himmel anschaue!"

12 Die Kartause von Sevilla, außerhalb der Stadt gelegen, ist heute gänzlich verschwunden. — Die in der Nähe von Burgos gelegene Kartause trägt den Namen Santa María de Miraflores und ist bekannt durch das wunderbare Grabmal für die Eltern Isabellas der Katholischen. — Die hier geschilderten Begebenheiten sind auf den Anfang des neuen

Jahres 1522 anzusetzen. Der Herzog von Nájera bekleidete nicht mehr das Amt eines Vizekönigs von Navarra, in dem er im November 1521 durch Francisco de Zúñiga y Avellanada, Grafen von Miranda, abgelöst worden war. Seine damalige Residenz war deshalb nicht mehr Pamplona, sondern der im Text bezeichnete Ort Navarrete, der zwischen Logroño und Nájera liegt. Inigo war nicht dem neuen Vizekönig verpflichtet, sondern als Gefolgsmann des Herzogs von Nájera diesem persönlich. Deshalb hatte er mit ihm seine künftige Stellung zu regeln.

13 Der Inigo begleitende Bruder war vermutlich Pero López, der spätere Pfarrherr von Azpeitia, dessen Name mit dem Inigos zusammen in den Prozeßakten des Jahres 1515 erscheint. — Oñate liegt nahe bei Loyola. In der Nähe war die Muttergotteswallfahrt von Aránzazu. Der baskische Name des Heiligtums „Du bist unter Dornen" verweist auf die Entstehungsgeschichte der Wallfahrt: einem Hirtenknaben erschien 1468 Maria in einem Dornbusch; der Ort wurde bald zum Nationalheiligtum der Basken. Vermutlich hatte Ignatius ebendort während des nächtlichen Gebetes vor dem Gnadenbild das Gelübde ewiger Keuschheit abgelegt. — Die Schwester, die die beiden Brüder in Oñate besuchten, war wohl Magdalena, die dort mit Juan López de Gallaíztegui verheiratet war. — Die augenblickliche Geldverlegenheit des Herzogs von Nájera ist auf die großen Ausgaben zurückzuführen, welche die Vorbereitungen für den Empfang des soeben zum Papst gewählten bisherigen Regenten von Spanien, Kardinal Adrians von Utrecht, notwendig machten. Auf der Reise von Vitoria nach Barcelona zog der neue Papst, Adrian VI., mit seinem Gefolge im März 1522 durch das Gebiet des Herzogs. — Die Stellung, die dieser seinem bisherigen Gefolgsmann übertragen wollte, ist im Original als ‚buena tenencia' bezeichnet; diesen Ausdruck geben wir wieder als ‚ansehnliche Kommandostelle', womit jedoch ein entsprechendes Amt innerhalb des herzoglichen Gebietes und nicht in unmittelbar königlichem Dienst gemeint ist. — Das Marienbild, dessen Wiederherstellung Inigo veranlaßte, befand sich wohl in der Pfarrkirche von Navarrete.

14 Für den in der Übersetzung gewählten Ausdruck ‚Gespür

für Gottes Willen' steht im Original das Wort ‚discreción',
das nicht einfach mit ‚Klugheit' wiedergegeben werden
kann. Hier wie auch sonst ist zu beachten, daß der Bericht
des Pilgers nicht seine unmittelbare innere Erfahrung wider-
spiegelt, sondern rund dreißig Jahre später in der Rückschau auf das frühere Leben formuliert ist. Deshalb haben
wir unter der ‚discreción' jenen Vollsinn zu verstehen, den
der Begriff in den Geistlichen Übungen und vor allem in
den Konstitutionen des Heiligen hat, wo er zu einem
geradezu typisch ignatianischen Ausdruck geworden ist. Er
findet sich eben in den Konstitutionen, die im Zeitpunkt
des Berichts im wesentlichen schon abgeschlossen waren,
ungefähr vierzigmal, wozu ein gutes Dutzend analoger
Wendungen zu rechnen ist. Der Bereich der ‚discreción'
erstreckt sich dort von der eigentlichen ‚Unterscheidung der
Geister' bis zu Entscheidungen über ganz periphere Dinge,
wie Kleidung der Ordenskandidaten und Dauer der Nacht-
ruhe. Es ist damit eine grundsätzliche Eigenschaft gemeint,
die bei allen vorkommenden Fällen die richtige, das heißt
Gottes Willen entsprechende und seine größere Ehre för-
dernde Entscheidung treffen läßt. ‚Discreción' meint also
nicht nur eine rein menschliche Klugheit oder Instinkt-
sicherheit, sondern besagt zugleich auch eine übernatürliche,
von Gott bestimmte und auf Gott sich beziehende Treff-
sicherheit, um das ganze Leben immer mehr Gottes Willen
und Wunsch anzugleichen. Der Schlußsatz des Abschnitts
ist so zu verstehen, daß Ignatius damals nicht bedachte,
wie die Heiligen von der Gnade Gottes unter je verschiedenen Umständen und Voraussetzungen dazu geführt wurden,
äußere Bußwerke zu verrichten; es ging ihm vielmehr bloß
um die äußerliche Nachahmung dieser ‚Großtaten', und
darin sah er später einen Mangel an ‚discreción' in dem
eben dargelegten Sinn.

15 Bezeichnend für die Art des mündlichen Berichtes und zugleich für die Genauigkeit der Nachschrift ist der umfang-
reiche Einschub zwischen der Einleitung dieser Einzel-
erzählung (zu Beginn der vorhergehenden Nummer) und
ihrer Fortsetzung in diesem Abschnitt. — Die Begebenheit
mit dem Mauren entspricht ganz der damaligen Lage in
Spanien. Nachdem 1492 die Rückeroberung der Halbinsel

abgeschlossen war, blieb ein nicht geringer Teil des ehemaligen Herrenvolkes im Lande zurück und bildete durch die rassische und religiöse Verschiedenheit einen ständigen Gefahrenherd. Es war vor allem die nationalspanische Inquisitionsbehörde, begründet im Jahre 1480, die neben anderen Aufgaben die religiöse Überwachung der vielen nur zum Schein in die Kirche eingetretenen Moriskos als Mittel zur Sicherung der inneren Ruhe durchführte. Die oftmals scharfe Sondergesetzgebung gegen diese Schein- oder Neuchristen, wie man sie nannte, reicht bis in die Regierungszeit Philipps II. Wenn sie auch, religiös gesehen, nicht selten als bedauerlich zu bezeichnen ist, so muß man doch die damalige unsichere Lage des Staates bei einem Urteil berücksichtigen. Ignatius selbst hatte sich gerade damals, als er diesen ersten Abschnitt seines Berichtes erzählte, mit dieser Frage zu befassen, da der spanische Hof die Aufnahme von Neuchristen in den Orden praktisch verboten hatte. Mit einer größeren inneren Freiheit gab der Ordensgeneral am 14. August 1553 seine Entscheidung an Pater Araoz nach Spanien: „Wenn es dort wegen der Meinung am Hofe oder des Königs selbst nicht ratsam sein sollte, daß man Neuchristen aufnehme, sollen sie hierher gesandt werden, wofern es brauchbare Leute sind . . . Denn hier achtet man bei solchen, die tüchtig sind, nicht auf diese dumme Rücksichtnahme, von wem sie abstammen."

16 Das Dorf, welches das Reiseziel des Mauren war, war wohl Pedrola zwischen Tudela und Saragossa. — Der größere Ort am Fuß des Montserrats, wo Inigo seine Einkäufe tätigte, ist Igualada.

17 Das Vorbild zur Nachtwache unter Waffen vor dem Bild Unserer Lieben Frau hatte Inigo sicher dem Amadísroman entnommen, wo der älteste Sohn des Amadís in ähnlicher Weise vor dem Tag seines Ritterschlages die Nacht durchwacht. — Die Benediktinerabtei auf dem Montserrat, einem wildzerklüfteten Berg in Katalonien, dessen Form ihm seinen Namen „Zersägter Berg" gab, war und ist ein vielbesuchter Wallfahrtsort. 1493 wurde das Kloster der Reformkongregation von Valladolid angeschlossen. 1493 bis 1510 war dort García de Cisneros, ein Neffe des Kardinals Cisneros, Abt und als solcher für die religiöse Er-

neuerung des Klosters und der Wallfahrt von besonderer
Bedeutung. Er hatte über Frankreich die Frömmigkeits-
haltung der Devotio moderna kennengelernt, deren deut-
liche Spuren in seinem ,Ejercitatorio espiritual' zu finden
sind. Ignatius hatte dieses Buch wohl kennengelernt, wenn
auch dessen Einfluß auf die Geistlichen Übungen tatsächlich
weit geringer ist, als früher oftmals angenommen wurde. —
Der Beichtvater des Pilgers war ein französischer Mönch
namens Don Juan Chanones, der als Weltpriester zwölf
Jahre zuvor auf dem Montserrat eingetreten war. Die Zeitangabe von drei Tagen ist nicht so zu verstehen, als ob die
eigentliche Beichte so lange gedauert hätte; vielmehr sind
auch die zuvor berichteten Aussprachen mit dem Beichtvater
und die Vorbereitung auf die Beicht selbst in diesen Zeitraum anzusetzen. — Das Maultier wurde noch mehrere
Jahre lang im Kloster verwendet, wie Pater Araoz bei
seinem Besuch auf dem Montserrat 1541 erfuhr. Die vom
Pilger niedergelegten Waffen wurden als Exvoto am Altar
Unserer Lieben Frau angebracht, später jedoch wieder entfernt, so daß vom Beginn des 17. Jahrhunderts an keine
genaue Nachricht darüber mehr vorliegt.

18 Mit der Zeitangabe des 24. März ist eindeutig klargestellt,
daß dieser Aufenthalt Inigos auf dem Montserrat nur von
kurzer Dauer war. Auf dem Weg nach Manresa traf Ignatius mit einer kleinen Pilgergruppe zusammen, die von
Manresa aus eine Wallfahrt auf den Montserrat gemacht
hatte und sich auf dem Rückweg befand. Der damals sech-
zehnjährige Juan Pascual, der seine verwitwete Mutter
Inés auf dieser Wallfahrt begleitet hatte, schildert sechzig
Jahre später beim Seligsprechungsprozeß diese Begegnung.
Er beschreibt Ignatius als einen noch jungen Mann von
mittlerer Größe, in ein Gewand von grobem Wollstoff ge-
kleidet, mit leicht gerötetem Gesicht; er sei sehr müde erschienen; der Pilger habe die Mutter angesprochen und sie
gefragt, ob es ein Spital in der Nähe gebe. Frau Pascual,
an sich in Barcelona beheimatet, hatte jedoch auch in Manresa Besitzungen und verweilte eben dort. — Für die auffallende Tatsache, daß Ignatius seinen ursprünglichen Plan,
nur einige Tage in Manresa sich aufzuhalten, so sehr
änderte, werden verschiedene Erklärungsversuche gegeben:

man verweist auf die gerade damals in Barcelona herrschende Pest, die den Zutritt zur Stadt und damit die Möglichkeit einer Überfahrt nach Italien verwehrte; dann vermutet man in dem schlechten Gesundheitszustand des Pilgers den Grund seines langen Verweilens in Manresa. Schließlich wird auch die damalige kirchenpolitische Situation angeführt: der am 9. Januar 1522 in Abwesenheit gewählte Papst Adrian VI., dessen Segen und Gutheißung Ignatius vor Antritt seiner Wallfahrt nach dem Heiligen Land einholen wollte, befand sich gerade auf dem Wege nach Barcelona; Inigo habe aber nicht im Heimatland selbst eine Audienz erbitten wollen, da er in der Umgebung des neuen Papstes zu viele seiner ehemaligen Bekannten anzutreffen fürchten mußte. Auf diesen letzten Grund verweist Ignatius selbst in seinem Bericht, um den Aufenthalt in Manresa zu erklären. Daneben wollte er offensichtlich auch eine Zeit ungestörter Ruhe finden, um die inneren Erlebnisse der Tage auf dem Montserrat zu überdenken und niederzuschreiben. Daß sich dann der Aufenthalt in Manresa fast auf ein ganzes Jahr ausdehnte, dürfte sowohl durch die Unmöglichkeit, die von Venedig spätestens Anfang Juli abgehenden Pilgerschiffe noch zu erreichen, wie auch durch die inneren Erfahrungen Inigos in Manresa bedingt gewesen sein, von denen im folgenden Kapitel berichtet wird.

19 Das Spital, in dem Inigo in Manresa Wohnung fand, trug den Namen der hl. Lucia und war für arme Kranke bestimmt. Daneben gab es noch ein eigenes Unterkunftshaus für fremde Pilger. Daß Inigo jenes Spital bezog, erklärt sich aus der zuvor erwähnten Begegnung auf dem Wege vom Montserrat nach Manresa. In der Gruppe der Frau Pascual befand sich auch die Leiterin des Spitals, Jerónima Clavera, die ihn in das von ihr geführte Haus aufnahm.

20 Aus dem Bericht über den Aufenthalt in Manresa heben sich deutlich drei Abschnitte in der geistig-religiösen Entwicklung des Pilgers heraus: auf die anfängliche Zeit innerer Ausgeglichenheit und Ruhe, die etwa von Ende März bis Juli 1522 dauerte, folgten drei Monate besonderer seelischer Leiden, die dann durch große übernatürliche Erleuchtungen während der Monate Oktober 1522 bis Februar

1523 abgelöst wurden. Die durch Selbstbeobachtung gewonnenen Erfahrungen des Heiligen sind ausführlich in dem Brief an Schwester Teresa Rejadella vom 18. Juni 1536 niedergelegt. — Die Kirche, die der Pilger regelmäßig besuchte, war vermutlich die Klosterkirche der Dominikaner. Daß er die besondere Vorliebe für kirchliche Musik zeit seines Lebens behielt, vermerkt Pater Gonçalves eigens in seinem Tagebuch.

21 Es gelang bisher noch nicht, den Namen dieser frommen Frau, die damals bis an den königlichen Hof bekannt war und auf die Ignatius im Verlauf seines Berichtes noch einmal zurückkommt (Nr. 37), festzustellen. — Der häufige Sakramentenempfang war zur damaligen Zeit etwas Unerhörtes. Die Reaktion darauf wird aus dem in Nr. 59 von Alcalá berichteten Ereignis deutlich. Es waren vor allem Ignatius und sein Orden, die nach Jahrhunderten einer andersartigen Einstellung wieder auf die Praxis der Frühkirche hinwiesen und die häufigere, ja unter gewissen Umständen tägliche Kommunion empfahlen.

22 Der hier angedeutete Wechsel des Beichtvaters ist bezeichnend für den Zustand jener großen inneren Unruhe und Unsicherheit. Der ,Doktor an der Kathedralkirche' war sicher nur im Einzelfall sein Seelenführer, während der Pilger als Gast bei den Dominikanern wohl einen dieser Patres als ständigen Beichtvater hatte.

23 Es wird hier ersichtlich, daß der Pilger seine ursprüngliche Unterkunft im Armenspital aufgegeben hatte, was durch die unvorhergesehene Verlängerung seines Aufenthaltes in Manresa verständlich wird, und im Dominikanerkloster ein Unterkommen fand. — Der Niederschlag dieser Erfahrungen findet sich in den sechs Bemerkungen ,um Skrupel und Einflüsterungen unseres Feindes zu merken und zu erkennen', die Ignatius am Schluß seiner Geistlichen Übungen zusammenstellt.

24 Wahrscheinlich dachte Ignatius an die in der Heiligenlegende gelesene Begebenheit, daß der Apostel Andreas fünf Tage lang gefastet habe, um von Gott die Gnade der Bekehrung eines Sünders zu erflehen. Ignatius' Beispiel machte bei seinen ersten Gefährten Schule; während ihrer Exerzitien fasteten sie mehrere Tage streng, und das wenigste

145

war, daß einer drei Tage lang ohne Speise und Trank blieb.

26 Zu seiner Lektüre gehörte damals sicher neben den Evangelien auch die ‚Nachfolge Christi‘, als deren Verfasser damals der Kanzler der Pariser Universität, Jean Gerson, angesehen wurde. Pater Gonçalves berichtet in seinem Tagebuch: „Ferner erzählte er, er habe in Manresa zum erstenmal die ‚Nachfolge Christi‘ in die Hand bekommen und seither habe er kein anderes Andachtsbuch mehr lesen wollen. Allen, mit denen er zusammenkam, empfahl er sie. Täglich las er darin der Reihe nach ein Kapitel. Nach dem Essen und auch zu anderen Tageszeiten schlug er es auf gut Glück auf, und immer stieß er auf eine Stelle, die ihm etwas zu sagen hatte."

27 Diese Begebenheit ist bezeichnend für den Wandel, den der Pilger in der Zeit von Manresa unter der Führung der Gnade durchmacht. Er beginnt, das allzu auffallende Gehaben allmählich abzulegen; das anfängliche Ziel, es in allem Äußerlichen den Heiligen gleichzutun, wird abgelöst durch ein neues und innerlicheres Ideal, das ihn seine Aufgabe in der Hilfe für die Seelen erkennen läßt und um dessentwillen er nun anfängt, das Sonderbare seiner Lebensform aufzugeben. — Wie bereits in den Anmerkungen zum Prolog des Paters Gonçalves gezeigt wurde, schließt wohl mit dem Ende des ersten Abschnitts dieser Nummer der 1553 niedergeschriebene Bericht.

28 Hier beginnt der bis Nr. 31 reichende, zusammenfassende Bericht über die inneren Erfahrungen, die Gott dem Pilger in der Zeit von Manresa zuteil werden ließ. Im Gegensatz zu der übrigen Darstellung, in der die einzelnen Begebenheiten seines Lebens in ihrem Nacheinander berichtet werden, gibt Ignatius hier eine mehr systematische Übersicht, die seine nachträgliche Reflexion über seine Erlebnisse verrät. Die Gliederung in fünf Abschnitte darf also nicht als chronologische Abfolge verstanden werden, sondern ist als sachliches Ordnungsprinzip zu verstehen. Im formalen Aufbau dieses Stückes, welcher zum Teil der in der Schultheologie erarbeiteten Gliederung in einzelne Traktate entspricht, zeigt sich der Einfluß seiner späteren theologischen Studien. Dieses nachträgliche Durchdenken

jener Erlebnisse von Manresa macht deutlich, welche Wichtigkeit Ignatius zeit seines Lebens diesen paar Monaten und den damals ihm geschenkten Erleuchtungen beimaß. — Für die in diesem ersten Punkt dargelegte Verehrung der Heiligsten Dreifaltigkeit bietet uns das erhaltene Fragment des Geistlichen Tagebuches des Heiligen aus den Jahren 1544/45 die konkrete Illustration.

29 Erscheinungen des Herrn berichtet Ignatius im folgenden noch mehrmals (Nr. 41 44 48 96 99). Bezeichnend ist die zweimalige Bemerkung, er habe keine körperlichen Einzelheiten erkennen können. Damit werden auch diese Erscheinungen des Herrn und Seiner Mutter — wie auch die zuvor geschilderten — als in erster Linie verstandesmäßige Erleuchtungen zu verstehen sein, wobei das Körperlich-Sinnenfällige zurücktritt und nur als Begleitphänomen zu deuten ist. Dies wird bestätigt durch den Schlußsatz des Abschnittes, der durch den Hinweis auf die Visionen als Grundlage des Glaubens deren Bedeutung vor allem im Inhaltlichen, also in der dem Verstand gewordenen Mitteilung von Wahrheiten, erkennen läßt.

30 Hier wird die große Erscheinung am Flusse Cardoner berichtet, die der Heilige — wie bereits in den Erläuterungen zum Vorwort des Paters Gonçalves erwähnt wurde — erst im Jahre 1555 erzählte. Die im Bericht genannte Kirche war dem hl. Paulus dem Einsiedler geweiht und lag am linken (östlichen) Ufer des von Cardona kommenden Cardoner, der kurz nach Manresa in den Río Llobregat einmündet. Der Weg führt an dieser Stelle ziemlich hoch über dem Fluß dahin, dessen Bett tief eingegraben ist. — Ignatius verrät hier eine erneute Unsicherheit über sein Lebensalter, worauf schon in der Anmerkung zu Nr. 1 des Berichtes verwiesen wurde. — Die wortkarge Darstellung, die vor allem kaum etwas über den Inhalt aussagt, läßt trotzdem noch die Bedeutung erkennen, die Ignatius selbst dieser außerordentlichen, rein intellektuellen Vision zeit seines Lebens beimaß. Ignatius' Gefährten, besonders Polanco und Nadal, geben einige Hinweise auf das Inhaltliche dieses Erlebnisses, wobei sie sich wohl sicher auf weitere mündliche Berichte des Heiligen stützen konnten. Daß späterhin eben dieser Vision noch genauere Einzelheiten

zugeschrieben wurden — so beispielsweise, daß Ignatius damals schon die Grundzüge seines späteren Ordens erkannt habe —, ist verständlich aus der von dem Heiligen selbst so hervorgehobenen Bedeutung dieser Stunde für sein Leben, jedoch im einzelnen kaum mehr nachweisbar. Vielmehr weist auch das spätere Leben des Ignatius noch ein vielfaches Tasten und Suchen nach der Verwirklichung seines Ideals auf, bis er einmal die endgültige Form seiner Gemeinschaft gefunden haben wird. Es mag jedoch sein, daß der Heilige selbst in der Rückschau seines Berichtes die verschlungenen Wege und Versuche seines Lebens in einem einzigen großen Zusammenhang sah, in dem er all dies als die klare und eindeutige Entfaltung dessen erkennen konnte, was ihm in jener Stunde am Cardoner, obgleich ihm damals noch nicht im einzelnen bewußt, an Erkenntnissen und gleichsam als Kernerlebnis geschenkt worden war.

31 Das Wegkreuz läßt sich heute noch lokalisieren; es ist die sogenannte Cruz del Tort. — Der Bericht verweist mit der Erscheinung jenes mit vielen Augen besetzten Dinges auf das in Nr. 19 Gesagte. — Damit schließt dieser mehr systematisch aufgebaute Teil über die inneren Erlebnisse von Manresa, die Fortsetzung ist in der ursprünglichen Form von Einzelereignissen gehalten, wobei zahlreiche chronologische Überschneidungen und Vorwegnahmen auffallen.

32 Hier spricht Ignatius zum erstenmal — abgesehen von dem Bericht über seine Verwundung — von einer körperlichen Krankheit. Im folgenden werden sich derartige Hinweise noch des öfteren wiederholen. Bei dem damaligen Stand selbst der Schulmedizin nimmt es nicht wunder, daß Ignatius als Nichtfachmann gar keine näheren Symptome seiner Erkrankung anzugeben weiß. Später (Nr. 34 55 74 84) bezeichnet er sie selber als Magenleiden; jedoch spricht alles dafür, daß es sich um Gallenkoliken und um ein chronisches Gallenleiden handelte. Ob diese schon in Manresa einsetzten oder ob die ersten Krankheiten auf eine durch die Strengheit seiner Lebensführung hervorgerufene allgemeine Erschöpfung zurückgingen, läßt sich nicht mehr bestimmen. Einer Lokaltradition zufolge, die in einem alten Gemälde ihren Niederschlag gefunden hat, wurde Ignatius zur besseren Pflege in das Haus eines gewissen Andreas Amigant aufgenommen, dessen Verwandte Paula Amigant bei jener Pilgergruppe war, die er auf dem Weg vom Montserrat nach Manresa getroffen hatte. Die Damen, die ihn besuchten und die sich in der erneuten Krankheit während des Winters (vgl. Nr. 34) wiederum um ihn bemühten, sind uns zum Teil noch mit Namen bekannt. Hier zeigt sich schon jener tiefe Eindruck, den gerade Frauen von dem Pilger empfingen und der während seines ganzen Lebens von ihm ausging. Es sind später vor allem Damen der hohen und höchsten Kreise, die es sich geradezu als Ehre anrechnen, ihn und seine Arbeiten in jeder Weise unterstützen zu dürfen. Beweis dafür ist Ignatius' reichhaltige Damenkorrespondenz, deren von H. Rahner besorgte Gesamtausgabe ein konkretes Bild des Heiligen und zugleich einen eindringlichen kulturgeschichtlichen Rahmen zu seinem Leben bietet.

33 Ignatius verweist hier zunächst auf die Überfahrt von Spanien nach Italien beim Abschluß seines Heimataufenthaltes im Jahre 1535 (vgl. Nr. 91). — Die ausführliche Chronologie zum Leben des Heiligen, die Pater de Leturia ausgearbeitet hat, weist nach, daß er in den letzten Jahren von 1553 bis zu seinem Tode nicht weniger als achtmal schwer krank und in dieser Zeit mindestens zwölf Monate ans Bett gefesselt war.

34 Ob es sich hier um einen Rückfall nach ungenügender Ausheilung der in Nr. 32 geschilderten Erkrankung handelte, läßt sich nicht mehr feststellen. Hier erscheinen zum erstenmal die später öfters wiederkehrenden ‚Magenschmerzen'. Daß sich jetzt die Stadtverwaltung seiner annimmt, ist ein Zeichen dafür, daß der Pilger nicht mehr als Fremder in dem Städtchen betrachtet wird. — Dem Sohn des Hauses, in das er aufgenommen wird, begegnet Ignatius später in Rom wieder, wo dessen Dienstherr de Faria von 1543 bis 1551 portugiesischer Geschäftsträger war. — Die den Pilger besuchenden Damen werden im Original als ‚principales' bezeichnet, worunter in diesem Zusammenhang nicht so sehr adelige Herkunft, sondern vielmehr ihre Zugehörigkeit zum Stadtpatriziat ausgedrückt werden soll. Aus dem Brief des Paters Laynez vom Jahre 1547, in dem dieser seine

Erinnerungen an den Ordensgründer zusammenstellt, geht hervor, daß diese Damen den Pilger als ihren Seelenführer betrachteten und unter seiner Anleitung große Fortschritte in ihrem religiösen Leben gemacht hatten. Ähnlich wie Laynez läßt auch Polanco in seinem Entwurf zu einem Ignatiusleben erkennen, daß der Pilger schon damals die im wesentlichen bereits in Manresa ausgearbeitete Methode der Geistlichen Übungen in seinen seelsorglichen Bemühungen angewandt hat. Auffallend ist, wenn auch einigermaßen erklärlich durch die zweimalige große Unterbrechung während des Berichtes über die Zeit von Manresa, daß Ignatius hier mit keinem Wort das Entstehen der schriftlich niedergelegten Exerzitien erwähnt. Erst ganz zum Schluß kommt er auf eine Zwischenfrage des Paters Gonçalves hin kurz darauf zu sprechen. — Der festliegende Punkt für die Reiseplanung war für den Pilger mit der Abfahrt der venezianischen Pilgerschiffe nach dem Heiligen Land gegeben. Danach war der Aufbruch von Manresa unter Einrechnung des Umweges über Rom und des notwendigen Spielraumes für unvorhergesehene Wartefristen unterwegs auf den Anfang des Jahres anzusetzen, um die mit Sommerbeginn abgehenden Palästinaschiffe in Venedig zu erreichen.

35 Laynez berichtet in seinem Brief von 1547, Ignatius habe während der Pariser Studienzeit die Monate, die er in Manresa verbracht hatte, oftmals ‚seine Zeit der Urkirche‘ genannt, um damit die grundlegende Bedeutung jenes Jahres in Manresa auszudrücken. — Um die Mitte des Februars 1523 brach er zu seiner Jerusalemwallfahrt auf, die seit seiner Bekehrung sein erstes Hauptziel war und blieb. — Die kurze Bemerkung, daß es ‚sein ein und alles war, Gott allein als Zuflucht zu haben‘, ist der Ausdruck eines Leitmotivs, das seine ganze Verhaltensweise über die Palästinareise hinaus bis in die Pariser Jahre bestimmen wird. Für dieses restlose Gottvertrauen bringt der Bericht im folgenden noch viele Einzelbeispiele. — Die hier genannte Familie des Herzogs von Cardona gehört zum Hochadel Kataloniens. Eine Schwester des damaligen Herzogs war mit jenem Herzog von Nájera vermählt, in dessen Dienst Ignatius vor seiner Verwundung gestanden hatte.

36 Auf die hier berichtete Unterredung nimmt Pater Gonçalves in seinem Vorwort (Nr. 1) Bezug. Zeitgeschichtlich hochinteressant ist die Bemerkung der Dame über Rom. — Im Original sind die Geldstücke als ‚blancas‘ bezeichnet, deren Wert damals einem halben Maravedí entsprach.

37 In den drei Wochen seines Aufenthalts in Barcelona wohnte Inigo im Hause jener Witwe Inés Pascual, die er auf dem Weg vom Montserrat nach Manresa kennengelernt hatte. Einzelheiten darüber berichtet sechzig Jahre später ihr Sohn Juan: ihre Haustüre sei damals eher wie ein Kirchenportal gewesen, so viele Leute hätten ihren Gast aufgesucht, besonders Arme und Notleidende, denen Inigo materielle Hilfe zu verschaffen wußte. — Von der frommen Frau war schon im Bericht über die Zeit von Manresa (Nr. 21) die Rede.

38 Wie wir später erfahren, kam der Pilger am Palmsonntag, in jenem Jahr der 29. März, in Rom an. Für den Fußmarsch dorthin brauchte er etwa fünf Tage, so daß das Schiff um den 25. März in Gaeta landete und etwa am 20. März in Barcelona abgefahren war. — Es waren spanische Truppen, auf die die kleine Pilgergruppe noch innerhalb des damals spanischen Gebietes von Neapel gestoßen war. Die nächtliche Begebenheit verrät den alten Offizier, der sich selbst bei einer Soldateska durchzusetzen wußte.

39 Diese Stadt war wohl Fondi. Die Fürstin, der Inigo dort begegnete, war die Gräfin Beatrice Appiani, die Gattin des Vespasiano Colonna. — Die zusammengebettelten Groschen heißen im Original ‚cuatrines‘, eine kleine Münze, die in vielfältiger Auflage in ziemlich allen Gebieten Italiens während mehrerer Jahrhunderte in Gebrauch war und deren Name ursprünglich ‚quatrenus‘ (vier Denare) war.

40 Die Fahrt kostete damals für Jerusalempilger von Venedig aus bis zu 26 Dukaten, die als reines Goldstück damals die höchstwertige Münze waren. — Der hier genannte Papst Adrian VI., ehemals Kanonikus in Utrecht und Erzieher des späteren Kaisers Karl V., war von diesem 1515 nach Spanien gesandt worden, wo er nach dem Tod des Kardinals Cisneros Regent des Landes wurde. Nach dem Tode Leos X. in Abwesenheit zu dessen Nachfolger erwählt, war er im August 1522 in Rom eingezogen. Der kurze Pontifikat dieses letzten nichtitalienischen Papstes, der schon im September 1523 starb, ist in seiner Tragik am besten durch die Grabinschrift in der deutschen Nationalkirche zu Rom, Santa Maria dell'Anima, gekennzeichnet: „Ach, wie sehr kommt es doch darauf an, in was für Zeitläufte das Leben auch des tüchtigsten Mannes fällt!" — Sich vom Papst den besonderen Segen für eine Wallfahrt ins Heilige Land zu erbitten, war damals nichts Außergewöhnliches, sondern vielmehr eine, zwar nicht immer befolgte, Vorschrift des Konzils von Vienne (1311). Wir werden später dasselbe finden, wenn Ignatius mit seinen Gefährten 1537 die zweite Jerusalemreise plant und vorbereitet (vgl. Nr. 93). Der Wortlaut des Pilgersegens des Papstes wurde erst vor kurzem wieder in einem der vielen Registerbände im Vatikanischen Archiv aufgefunden. Er ist auf den Namen des ‚Klerikers Enecus Loyola' am 31. März, also nur zwei Tage nach der Ankunft in Rom, ausgestellt. Vermutlich waren spanische Landsleute an der römischen Kurie dem Pilger bei der auffallend raschen Erledigung behilflich. — Ostern fiel 1523 auf den 5. April. Somit brach Inigo am 13. oder 14. dieses Monats von Rom auf.

41 Der Weg von Rom nach Venedig läßt sich einigermaßen auf Grund der damaligen Straßenverhältnisse rekonstruieren. Die Route führte über Spoleto, Loreto, Ancona, Pesaro, Rimini, Ravenna. Der Verweis auf die Pestwachen zeigt uns diese Epidemie als Landplage, die in jenem Jahre ganz Italien befallen hatte. Besonders der letzte Teil der Wegstrecke, der durch die Sümpfe des Po-Deltas führte, bedeutete eine ungemeine körperliche Anstrengung. — Der Bericht über die Erscheinung auf dem freien Feld bei Padua verweist auf das in Nr. 29 Gesagte.

42 Die Ankunft in Venedig ist auf den Beginn des Monats Mai anzusetzen. Der Pilger schlief in den ersten Nächten unter den Arkaden des Dogenpalastes. — Der kaiserliche Gesandte war dort damals Alonso Sánchez, während der Name des reichen spanischen Landsmannes bisher unbekannt blieb. Bei dem Bericht über die Rückkehr aus dem Heiligen Land spricht Ignatius von zwei Männern, die ihm während des ersten Aufenthalts in Venedig besonders be-

hilflich waren (vgl. Nr. 50). Nach dem Zeugnis des Ribadeneira und den Erhebungen im Heiligsprechungsprozeß
war der zweite der venezianische Senator Marcantonio
Trevisano, dessen Palast in der Nähe des Markusplatzes
lag. Ribadeneira erzählt in seiner Ignatiusbiographie, dieser
Senator sei in einer schlaflosen Nacht durch die Gassen
Venedigs gegangen und habe am Markusplatz den Pilger
gefunden, den er dann für jene Nacht in sein Haus aufnahm.

43 Der damalige Doge von Venedig, eben erst am 10. Mai
jenes Jahres gewählt, war Andrea Gritti, mit dem der
Pilger in Unkenntnis der italienischen Sprache nur spanisch
sprechen konnte. — Über die Fahrt von Venedig nach
Palästina sind wir genauer unterrichtet durch die Aufzeichnungen des Züricher Glockengießers Peter Füßli. Dieser
Schweizer war während der Überfahrt auf dem gleichen
Schiff wie Ignatius. — Rhodos war ein Jahr zuvor, 1522,
trotz heldenmütiger Verteidigung durch die Johanniter-
ritter von Sultan Suleiman erobert worden. — Im ganzen
waren es in jenem Jahr nur 21 Pilger (11 Flamen und
Holländer, 4 Spanier, 3 Schweizer, 1 Tiroler und 2 Deutsche). Das erste Schiff stach am 29. Juni in See, während
das zweite, die Negrona, in der Frühe des 14. Juli abfuhr.
Außer dem Rest der Pilger und der Besatzung waren der
neuernannte Gouverneur von Zypern, Niccolò Dolfin, mit
seinem Stab und eine Anzahl von Kaufleuten an Bord.

44 Aus dem Tagebuch des Schweizers Füßli kennen wir den
Verlauf der Reise in ihren Einzelheiten. Ungünstige Wind-
verhältnisse ließen die Fahrt durch das Adriatische Meer
bis zum Monatsende dauern. Auch in den ersten August-
tagen kam das Schiff nur langsam vorwärts, und erst auf
der Höhe von Kreta wurde die Fahrt flotter. Die einzige
von dem Pilger berichtete Begebenheit ist daher auf das
letzte Stück der Reise anzusetzen, da er beifügt, daß man
‚rasch‘ nach Zypern gekommen sei. Am 14. August landete
die Negrona im Hafen von Famagusta. Ursprünglich war
geplant, daß das Schiff nach Beirut weitersegeln sollte, von
wo dann die Pilger den Landweg durch Syrien nach Jerusalem nehmen wollten. Jedoch erfuhren sie auf Zypern,
daß eine Reise durch Syrien infolge der dort herrschenden

Pest unmöglich sei. Deshalb stiegen sie auf das schon am
1. August angekommene eigentliche Pilgerschiff um, das
noch in Las Salinas (heute Larnaca) lag und nach Jaffa
weiterfahren sollte. Am 19. August stach dieses Schiff in
See und kam, verzögert durch Windstille und falsche Kurs-
berechnung, erst am 24. in Jaffa an. Der Bericht des Pilgers
übergeht auch hier die umständlichen Formalitäten, die für
die Weiterreise notwendig waren. Während die Pilgergruppe eine ganze Woche lang im Hafen warten mußte,
reiste der Kapitän des Schiffes nach Jerusalem, um dort
ihre Ankunft zu melden. Dann kehrte er mit einer militärischen Eskorte zurück, die die Pilger auf dem Landweg
zu begleiten hatte. Am 1. September brach die Gruppe auf
und kam am 4. nach Jerusalem. Der Aufenthalt dort mit
dem Besuch der verschiedenen heiligen Stätten war durch
ein feststehendes Programm geregelt, da alle Wege gemeinsam unter türkischer Bewachung zurückgelegt werden
mußten.

45 Außer Jerusalem und der unmittelbaren Umgebung (Ölberg, Bethanien usw.) besuchten die Pilger Bethlehem mit
der Geburtsgrotte, Jericho, den Jordan und den Brunnen
des Elisäus. — Der Hausobere, dem Ignatius seine Emp-
fehlungsschreiben übergab (vermutlich hatte er sie sich bei
seinem Aufenthalt in Rom besorgt), war der Pater Vikar;
der Guardian war zugleich der Obere aller Franziskaner-
niederlassungen im Heiligen Land, die in einer ‚Kustodie‘
zusammengefaßt waren, und wird deshalb am Ende dieses
Abschnittes ‚Provinzial‘ genannt. In Wirklichkeit war
jedoch der Sitz des Provinzobern die Insel Zypern. Dieser
kleine Irrtum in der Berichterstattung ist leicht verständlich durch die besondere Stellung, die der Guardian des
Klosters auf dem Berge Sion einnahm. Sie war festgelegt
durch eine Bulle des Papstes Nikolaus IV. (Ende des
14. Jahrhunderts), die Leo X. erneut bestätigt hatte. Ihr
zufolge war der Guardian nicht bloß Ordensoberer, sondern zugleich Provisor, das heißt Apostolischer Delegat für
die Lateinische Kirche in Palästina.

46 Das angegebene Datum, ‚der Vortag der Abreise‘, bezeichnet den 22. September. Vermutlich war dieser eine fertig-
geschriebene Brief, den wir heute nicht mehr besitzen, an

die Wohltäterin in Barcelona, Frau Inés Pascual, gerichtet. Ihr Sohn Juan berichtet nämlich im Seligsprechungsprozeß von einem umfangreichen Brief, den seine Mutter von ihrem Schützling Inigo erhalten habe und in dem eine genaue Darstellung der Reise enthalten gewesen sei.

48 In den letzten Tagen des Aufenthalts in Jerusalem waren die Pilger im Kloster konfiniert, da eine Abteilung Janitscharen in die Stadt eingerückt war. Damit war eine starke christenfeindliche Spannung eingetreten. So versuchten mehrere Soldaten sogar in das Kloster selbst einzudringen (in der Nacht zum 20. September). Daher versteht man die Sorge und Aufregung, als Inigo als Einzelgänger den schützenden Bereich des Klosters verlassen hatte. — ‚Gürtelchristen‘ hießen die christlichen Syrer, weil ihr burnusförmiges Gewand mit einem Gürtel zusammengehalten wurde.

49 Wegen der drohenden Haltung der neu eingetroffenen türkischen Truppen wählte man den späten Abend des 23. Septembers als Abmarschzeit. Unterwegs wurde die Pilgergruppe sechs Tage lang aufgehalten, bis sie weiterziehen durfte. So kamen sie erst am 1. Oktober in Jaffa an, wo sie zunächst nochmals vierzig Dukaten der türkischen Eskorte bezahlen mußten. Am 3. segelte das Schiff ab. Die Fahrt nach Zypern, wo man erst am 14. ankam, wurde durch Wetterverhältnisse und Fehlorientierung verlängert und war infolge Wassermangels und ungenügender Verproviantierung ungemein beschwerlich. Zehn Tage vor ihrer Ankunft war das staatliche Gouverneursschiff abgefahren, so daß man auf die noch im Hafen liegenden Schiffe von Privatunternehmern angewiesen war. Der reiche Venezianer war Hieronymus Contarini, der als Fahrpreis fünfzehn Dukaten festgesetzt hatte. Seine Antwort ist eine Anspielung auf die Jakobuslegende, wonach der Leib des Apostels Jakobus des Älteren nach seinem Martyrium von zwei seiner Jünger auf wunderbare Weise nach dem Westen Spaniens gebracht worden sei; dort wurde dann Santiago de Compostela im Mittelalter ein für ganz Europa bedeutsamer Wallfahrtsort. — Die drei Schiffe segelten am 1. November ab. Da der Schweizer Füßli auf einem anderen Schiff zurückfuhr, das erst am 12. November in See

stach, haben wir für die Rückreise keine Ergänzung des kurzen Berichtes, aus dem nur hervorgeht, daß das kleine Schiff einschließlich der Notlandung an der apulischen Küste rund achtzig Tage unterwegs war.

50 Mit der Bemerkung ‚jene zwei Männer' verweist Ignatius auf das in Nr. 42 Gesagte, wobei ihm jedoch ein — bei der mündlichen Erzählung durchaus verständlicher — Irrtum unterlief, da er dort nur von einem einzigen Wohltäter gesprochen hatte. — Der Geldwert eines Juliers — der Name der Münze kommt von Papst Julius II. — betrug den zehnten Teil eines Dukaten. Der Marchetto (der Name wird abgeleitet von Sankt Markus, dem Patron der Stadt Venedig) war eine venezianische Münze im Wert eines Soldo.

51 Der Besitz des Herzogtums Mailand war der Streitpunkt in diesem Krieg zwischen Kaiser Karl V. und Franz I. von Frankreich. Kriegsschauplatz war die Lombardei, die Inigo im Februar 1524, von Ferrara kommend, durchwanderte. Genau ein Jahr später wurde der Krieg durch den kaiserlichen Sieg bei Pavia und die Gefangennahme des französischen Königs entschieden. — Die hier berichtete Begebenheit spielte sich noch auf seiten der kaiserlichen Truppen ab.

52 Die Anrede ‚Ihr' war damals mehr zwischen Gleichgestellten oder zwischen Vorgesetzten und Untergebenen gebräuchlich, während die korrekte Anrede gegenüber einem kaiserlichen Hauptmann, wie Inigo genau wußte, eigentlich ‚Euer Gnaden' gewesen wäre.

53 Der Weitermarsch führte Inigo durch das von Franzosen besetzte Gebiet, dem er nicht ausweichen wollte. — Der baskische Landsmann, den er in Genua traf, hieß Rodrigo Portuondo; er war General der spanischen Galeeren. Als Page des Großschatzmeisters Don Juan Velázquez de Cuéllar war Inigo in seiner Jugend mehrfach am königlichen Hof gewesen. — Die Schlußbemerkung verrät den über das politische Geschehen genau orientierten Berichterstatter: Andrea Doria kämpfte zuerst im Dienste Genuas gegen die Franzosen, trat jedoch nach deren Sieg bei Marignano 1515 auf ihre Seite und stand seit 1522 sogar unmittelbar in französischem Sold. Nach dem Sieg Karls V.

bei Pavia 1525 übernahm er ein Kommando in päpstlichen Diensten, wechselte nochmals auf die französische Seite und ging 1528 endgültig zum Kaiser über, in dessen Dienst er sich besonders mehrfach gegen die Türken auszeichnete. Er starb 1560.

54 Als Ankunftszeit in Barcelona gibt Ignatius in Nr. 57 die Fastenzeit an, die in jenem Jahr vom 9. Februar bis zum 27. März reichte. Auf Grund der zuvor gegebenen Schilderungen läßt sich sein Eintreffen in der katalonischen Hauptstadt genauer auf Ende Februar oder Anfang März ansetzen. — Inigo hatte die Witwe Isabel Roser schon bei seinem ersten Aufenthalt in Barcelona kennengelernt. Sie unterstützte ihn während seiner ganzen Studienzeit. So schrieb Ignatius ihr aus Paris 1532 (in dem etwas übertriebenen Stil jener Zeit): „Ich bin Euch mehr zu Dank verpflichtet als allen andern Personen, die ich hier auf Erden kenne." In späteren Jahren hatte Ignatius wegen der besonderen Wünsche der Dame einige Schwierigkeiten. Sie war 1543 in Begleitung zweier anderer Frauen nach Rom gekommen und erreichte bei Papst Paul III., daß sie — gleichsam als ein weiblicher Zweig des Jesuitenordens — die Ordensgelübde ablegen durften. Verschiedene Unzuträglichkeiten ließen Ignatius bald alles versuchen, um diesen Schritt rückgängig zu machen, was ihm dank einer päpstlichen Dispens 1546 auch gelang, woran sich dann noch ein von der Dame angestrengter Prozeß auf Rückerstattung der von ihr dem Orden gemachten Geschenke anschloß. — Der hier genannte Grammatiklehrer war zunächst für Inigo eine Art Privatlehrer, da er erst im Jahre 1525/26 die eigentliche Grammatikklasse der städtischen Schule übernahm. — Mit dem Orden des heiligen Bernhard sind die Zisterzienser gemeint, die bei Manresa das Priorat Sankt Paul am Cardonerfluß besaßen; auf dem Wege dorthin hatte Ignatius jene große Vision, von der er in Nr. 30 berichtete.

55 Die Kirche Maria am Meer, in der Nähe des Hafens gelegen, wurde Ende des 14. Jahrhunderts vollendet und gehört zu den bedeutendsten Denkmälern des Ogivalstiles. — Mit den gleichen Schwierigkeiten während des Studiums wird Ignatius später wiederum in Paris zu kämpfen haben;

er wählt auch dann den gleichen Weg, um ihrer Herr zu werden (vgl. Nr. 82).

56 Tatsächlich hatte Ignatius schon in der Zeit von Barcelona einige Gefährten um sich geschart, über deren weitere Lebensschicksale wir in Nr. 80 unterrichtet werden. — Das neue Spital, das eigentlich „Zu Unserer Lieben Frau von der Barmherzigkeit" hieß, trug auch den Namen des Stifters Don Luis de Antezana, der 1483 das ihm gehörende Haus in Alcalá in ein Spital umwandelte. — Die Universität von Alcalá war erst kurz zuvor 1508 von Kardinal Cisneros gegründet worden. Ihre Bedeutung lag vor allem in ihrer Aufgeschlossenheit gegenüber den humanistischen Bestrebungen der Zeit.

57 Die genauere Zeit der Ankunft in Alcalá ist umstritten. Sowohl März wie Juli 1526 werden vorgeschlagen, ohne daß eine sichere Entscheidung möglich ist. — Hier werden die den Vorlesungen zugrunde gelegten Textbücher genannt. Dominikus de Soto hatte vor seinem Eintritt in den Dominikanerorden 1524 in Alcalá Logik doziert. Im Druck erschienen diese Vorlesungen jedoch erst 1529. Somit ist anzunehmen, daß an der Universität noch private Nachschriften der früher gehaltenen Vorlesungen zirkulierten. Die ‚Physicorum libri octo' des heiligen Albertus Magnus sind nicht als Physikbuch im heutigen Sinn zu verstehen, sondern umfassen die Naturphilosophie. Die ‚Sententiarum libri quattuor' des Petrus Lombardus, um 1150 verfaßt, waren für vier Jahrhunderte das klassische Unterrichtsbuch für das theologische Studium. — Die hier nur kurz berichteten merkwürdigen Erscheinungen, die sich im Anschluß an die geistlichen Unterweisungen des Pilgers bei verschiedenen Frauen ereigneten, werden ausführlicher in den Prozeßakten geschildert. Mehrere von ihnen, darunter Damen von Stand, einfache Dienstmägde und sogar einige Frauen von zweifelhaftem Lebenswandel, wurden vom kirchlichen Gericht im Verlauf der Untersuchungen gegen Inigo einvernommen. — Die Schlußbemerkung des ersten Abschnitts ist eigentlich eine Randnotiz, die Pater Gonçalves als Gedächtnishilfe machte, ohne sie jedoch bei der Redaktion des Textes näher auszuführen. Vermutlich bezieht sie sich auf eine von Polanco berichtete Begebenheit: Ignatius

sei in einer Nacht durch eine dämonische Erscheinung ungemein erschreckt worden. — Die Brüder de Eguía waren
durch ihre Mutter noch mit Franz Xaver verwandt und
stammten aus Navarra. Diego war Priester, er traf später
1536 mit seinem hier nicht genannten Bruder Stephan auf
der Rückreise von einer Palästinawallfahrt in Venedig
wiederum mit Ignatius zusammen. Beide schlossen sich dort
seiner Gruppe an. — Ihr Bruder Miguel führte von 1521
bis 1538 eine bekannte Druckerei in Alcalá. Ein Jahr vor
der Ankunft des Inigo erschien bei ihm eine Ausgabe des
‚Enchiridion militis christiani‘ des Erasmus. In der Zeit, da
Ignatius in seinem Hause weilte, gab er die ‚Nachfolge
Christi‘ heraus, vermutlich auf eine Anregung des Heiligen
hin.

58 Die spanische Inquisition war eine staatskirchliche Ein-
richtung zur Sicherung der religiösen und damit zugleich
auch der staatlichen Einheit. Alcalá de Henares gehörte zur
Diözese Toledo, deshalb war das dortige Inquisitionsgericht
zuständig. — Der Name ‚Grauröcke‘, den man Ignatius
und seinen bereits zuvor (Nr. 56) erwähnten und inzwischen auch nach Alcalá nachgekommenen Gefährten gegeben hatte, bezog sich auf die Farbe und den Schnitt ihrer
Kleidung. Sie trugen eine sackartige Kutte aus grauem Stoff.
Gefährlicher war die zweite Bezeichnung als Alumbrados.
Damit wurden zusammenfassend die Anhänger einer quieti-
stisch-individualistischen Frömmigkeitsrichtung bezeichnet,
die jede kirchliche Ordnung und vor allem die Hierarchie
ablehnte. In der damaligen Situation bedeutete diese Ge-
heimbewegung eine drohende Gefahr für das noch junge
Staatswesen Spaniens, so daß die von der Inquisition er-
griffenen Gegenmaßnahmen verständlich werden. Die Volks-
meinung war nur zu leicht geneigt, irgendwelche neue
Frömmigkeitsformen und bislang unbekannte religiöse Be-
wegungen mit diesem Namen zu verdächtigen. Anderseits
beweist hier wie auch in den späteren Konflikten des Ignatius mit den Organen der Inquisition deren Vorgehen ein
nicht geringes Maß an Objektivität und ein wirkliches
Bemühen um eine gerechte Urteilsfindung. Die Berichte hier
wie später zeigen die Unhaltbarkeit jener früher so ver-
breiteten Legende von bloßer Grausamkeit und Willkür

der spanischen Inquisitionsbehörden. — Die Protokolle der Zeugeneinvernahme, die die beiden Inquisitoren Miguel Carrasco und Alonso Mejía anstellten, sind uns noch erhalten. Das Ergebnis der Untersuchung wurde am 21. November 1526 den Beschuldigten im Namen des Erzbischofs von Toledo, Don Alonsos de Fonseca, durch dessen Generalvikar für Alcalá, den Lizentiaten Juan Rodrigues de Figueroa, eröffnet. Dieser machte später im Dienst des Kaisers eine glänzende Karriere. Ignatius traf mit ihm 1538 nochmals in Rom zusammen, wo Figueroa ihn bei seinen Plänen zur Gründung des Ordens wirksam durch Empfehlung unterstützte (vgl. Nr. 96). Zum Zeitpunkt des Berichtes, das heißt im Herbst 1555, gehörte er zur unmittelbaren Umgebung des Kaisers, in dessen Auftrag er ein Jahr zuvor nach England zur Hochzeit des Prinzen Philipp mit der englischen Königin Mary gegangen war. — Ignatius nennt hier zum erstenmal seine damaligen Gefährten mit Namen: Juan de Artiaga y Avendano stammte aus der Diözese Sevilla, Lope de Cáceres aus Segovia; dieser stand zuvor im Dienst des Vizekönigs von Katalonien. Der dritte, Calisto de Sá, war vermutlich Portugiese; denn für ihn verwendet sich Ignatius später am portugiesischen Hofe (vgl. Nr. 80). Diese drei hatte Ignatius in Barcelona gewonnen. In Alcalá war dann noch Juan de Raynalde, wegen seiner Jugend ‚Hänschen' genannt, zu der kleinen Gruppe gestoßen. Er war Page beim Vizekönig von Navarra, auf einer Reise nach Alcalá wurde er verwundet und in eben das Spital eingeliefert, wo Inigo damals wohnte.

59 Schon in der Erläuterung zu Nr. 21 wurde auf das Ungewöhnliche eines häufigen Sakramentenempfanges hingewiesen. — Die Bemerkung über Bustamente, der vor seinem Eintritt in den Orden 1551 Sekretär des Erzbischofs von Toledo war und als solcher wohl noch nähere Einzelheiten erfahren hatte, ist eine nicht weiter ausgeführte Randnotiz des Paters Gonçalves. Ihr eigentlicher Inhalt läßt sich nicht aus anderen Quellen erschließen. — Über die zweite Untersuchung liegt noch ein vom 6. März 1527 datiertes Protokoll vor. Die Zeitangabe ‚nach vier Monaten' entspricht also dem wirklichen Verlauf. Bei diesem Verhör wurden drei Frauen über die seelsorgliche Tätigkeit des

Inigo befragt. Ihre Antwort zeigt die Methodik des Heiligen, wie sie in der ersten Woche der Geistlichen Übungen niedergelegt ist. Er unterwies sie im betrachtenden Gebet und in der Gewissensbildung und führte sie zur regelmäßigen Gewissenserforschung und zum wöchentlichen Kommunionempfang.

60 Aus dem noch erhaltenen und vom 1. Juni 1527 datierten Schlußurteil sowie aus der in Nr. 62 gemachten Angabe, die Gesamtdauer dieser Inhaftierung habe zweiundvierzig Tage betragen, ergibt sich als Datum für den hier vorliegenden Bericht der 18. oder 19. April jenes Jahres. Schwieriger zu erklären ist jedoch die zu Anfang des Abschnitts gegebene Zeitbestimmung ‚weitere vier Monate später'. Sicher kann sie sich nicht auf das unmittelbar zuvor Berichtete beziehen. Denn diese Vernehmungen erfolgten erst im März. Vermutlich dürfte hier eine Bruchstelle innerhalb der Erzählung vorliegen, entstanden durch eine längere Unterbrechung, so daß bei der Fortsetzung nicht an das unmittelbar Vorangehende angeknüpft wurde, sondern an die um den 10. Dezember 1526 erfolgte erste Urteilsverkündung durch Figueroa. Denkbar wäre auch, daß Pater Gonçalves aus seinen Stichwortnotizen in Unkenntnis der genauen Chronologie irrtümlich die Zeitangabe ‚vier Monate später' an zwei Stellen eingesetzt hat. — Der Name Miona erscheint als Randnotiz mit der Abkürzung ‚M.a', die mit Sicherheit so aufzulösen ist, da anderweitig bekannt ist, daß Miona in Alcalá und später in Paris Beichtvater des Ignatius war. Miona, ein Portugiese, hatte in Alcalá studiert und war ebendort 1526 Universitätsprofessor; 1544 trat er dem Orden bei und starb 1567. — Die hier genannte Dame war Doña Teresa Enríquez, Gattin des Großschatzmeisters Gutierre de Cárdenas, ausgezeichnet durch eine große Mildtätigkeit zu den Armen und durch eine besondere Andacht zur Eucharistie; sie starb wenige Jahre später, 1529.

61 Die Frage nach dem Sabbatgebot ist zu verstehen aus der damaligen Zeit, da viele Juden in Spanien unter staatlichem Druck nur dem Namen nach Christen wurden und diese ‚Neuchristen' immer verdächtig blieben. Ignatius' Antwort darauf ist bei Polanco berichtet: er halte den Samstag als

Tag Unserer Lieben Frau in Ehren, und in seiner Heimat gebe es überhaupt keine Juden. — Es handelte sich um Doña María del Vado und ihre Tochter Luisa Velázquez, die die Wallfahrt zum Schweißtuch der hl. Veronika, das in Jaén, 60 Kilometer nördlich Granada gelegen, verehrt wurde, unternommen hatten. Nach ihrer Rückkehr am 21. Mai wurden sie durch Figueroa verhört. Die Übereinstimmung ihrer Aussage mit der des Ignatius setzte diesen wieder auf freien Fuß (vgl. die folgende Nummer).

63 Die Urteilsverkündung erfolgte am 1. Juni 1527. — Alonso de Fonseca y Acebedo, Erzbischof von Toledo und Primas von Spanien (1523—1534), hielt sich eben in Valladolid auf, um den am 21. Mai geborenen Erbprinzen Philipp am 5. Juni zu taufen. Der Erzbischof war ein großer Freund und Förderer der Humanisten; insbesondere suchte er Erasmus durch verlockende Versprechungen zur Übernahme einer Professur in Alcalá zu bewegen. Von Polanco wissen wir, daß Ignatius um den 20. Juni die Universitätsstadt verließ, um beim Erzbischof gegen die ihm auferlegten Beschränkungen zu protestieren. — Das dem Erzbischof von Toledo gehörige Kolleg des hl. Jakobus in Salamanca war 1521 eröffnet worden mit der Bestimmung, armen Studenten ein Unterkommen zu gewähren.

64 Salamanca besaß die bekannteste und älteste Universität Spaniens, gegründet vor 1230. Hoch berühmt war ihre Theologische Fakultät, die gerade damals in der ersten Jahrhunderthälfte bedeutende Professoren hatte. Ihr Hauptverdienst war eine Neuerweckung des Thomismus unter Benutzung der durch den Humanismus gegebenen Anregungen und Methoden, besonders durch stärkere Beziehung auf Schrift und Tradition. Die theologische Schule von Salamanca wurde dann gerade durch die Theologen des jungen Jesuitenordens zum Modell und Vorbild für das Römische Kolleg und damit für ganz Europa. — Auch jene Frau, die den Pilger in der Kirche ansprach, gehört zu den uns unbekannten Förderinnen des Heiligen, der sie nur kurz und ohne Namen in seinem Bericht erwähnt. Vermutlich waren die vier Gefährten ohne Aufenthalt nach Salamanca gezogen, während Ignatius sich zur Audienz beim Erzbischof in Valladolid einige Tage aufhielt. Zum

erstenmal erscheint hier für die kleine Gruppe die Bezeichnung ‚Compañía‘, die dann der Name für die endgültige
Ordensgründung wurde. Doch können wir daraus nicht
schließen, daß sich die kleine Schar schon damals ‚Kompagnie‘ nannte, da ja der ganze Bericht aus der Rückschau
von fast dreißig Jahren gegeben ist und daher vermutet
werden kann, daß der später verwendete Name auf die
frühere Zeit nur übertragen wurde. — Die Rückblende auf
das Ereignis in Alcalá ist bezeichnend für die mündliche
Form der Berichterstattung und nur so verständlich — ein
neues Zeichen für die Treue des Paters Gonçalves bei der
Ausarbeitung seiner Notizen. — Der Prior des Domini-
kanerklosters war damals Fray Diego de San Pedro, der
später Beichtvater Kaiser Karls V. war und mit dem Peter
Faber 1541 in Speyer zusammentraf. Nach dessen Zeugnis
hatte er Ignatius ein gutes Andenken bewahrt.

65 Ungemein anschaulich ist dieser Bericht über die Diskussion
zwischen dem Subprior und dem Pilger. Auf der einen
Seite der in Logik und Disputierkunst wohlbewanderte
Fachtheologe, der die Unterhaltung auf ein verfängliches
und scheinbar eindeutiges Dilemma hinzulenken verstand,
auf der anderen Seite der Laie in Theologie, der solchen
Spitzfindigkeiten nicht mehr gewachsen ist, dessen gesunder
Menschenverstand ihn jedoch die gefährliche Schlinge erkennen und die sicherste Verteidigungsart, nämlich das
Schweigen, finden läßt. Tatsächlich ist das Entweder-Oder
des Dominikaners gar nicht so zwingend, wie es den Anschein hat. Denn es setzt ein unbewiesenes und in sich nicht
richtiges Monopol der wissenschaftlichen Theologie für jed-
wede Art von Glaubensverkündigung auch im privaten
Kreis voraus. — Die Schlußbemerkung des Abschnitts verweist auf die aufregende theologische Diskussion jener
Tage. Die Unterredung im Dominikanerkloster fand in der
zweiten Julihälfte statt. Um die gleiche Zeit tagten in
Valladolid die namhaftesten Theologen Spaniens unter dem
Vorsitz des Großinquisitors Alonso Manrique, Erzbischofs
von Sevilla, um über die Rechtgläubigkeit des Erasmus und
im besonderen über einundzwanzig aus dessen Werken
entnommene Lehrsätze zu beraten. Vom 27. Juni bis zum
13. August dauerten die Verhandlungen. Die Theologen

aus dem Dominikanerorden gehörten zu den schärfsten Gegnern des berühmten Humanisten, während im gesamten die Meinungen gerade zur Hälfte geteilt waren. So ging auch die ganze Theologenversammlung ohne eigentlichen Beschluß auseinander.

66 Das Wort von der ‚rechten Nächstenliebe' ist ein aus der Lehre der Heiligen Schrift entwickeltes Axiom der Scholastik. — Wie lange Ignatius mit seinem Gefährten in der Kapelle eingeschlossen blieb, läßt sich nicht feststellen. Doch geht aus dem Folgenden klar hervor, daß dies nur eine vorübergehende Maßnahme war und daß die beiden dann innerhalb des Klosters eine gewisse Bewegungsfreiheit erhielten.

67 Der Bakkalaureus Frias war Generalvikar des Bischofs von Salamanca und zugleich Visitator der Diözese. Zu der vorhin erwähnten Theologenversammlung in Valladolid war er ebenfalls eingeladen, nahm aber nicht daran teil, vermutlich weil der Bischof selbst zur gleichen Zeit abwesend war. — Nadal erwähnt später, daß dieser Juanico in den Franziskanerorden eingetreten sei. Es ist anzunehmen, daß dies bald nach den Ereignissen in Salamanca geschehen ist, da Ignatius ihn in der Fortsetzung seines Berichtes über die Pariser Zeit (vgl. Nr. 80) nicht mehr unter seinen Gefährten erwähnt.

68 Von den vier Mitgliedern des Gerichtshofes lassen sich außer dem schon genannten Bakkalaureus Frias noch der erstgenannte und der Doktor Frias als Professoren des Kirchenrechts an der Universität von Salamanca feststellen.

69 Don Francisco de Mendoza y Bobadilla, geboren 1508, war schon damals mit nur neunzehn Jahren ein gefeierter Professor für griechische Sprache. Später wurde er Archidiakon an der Kathedrale von Toledo, dann Bischof von Coria. 1545 ernannte ihn Papst Paul III. zum Kardinal und 1550 zum Erzbischof von Burgos. Er starb als großer Freund des von Ignatius gegründeten Ordens 1566.

70 Die Verlesung des Urteils, dessen Text nicht mehr erhalten ist, fand in der zweiten Hälfte des August 1527 statt, wie sich aus den an verschiedenen Stellen findenden Zeitangaben berechnen läßt. — Außer dem hier angegebenen Grund für

den Plan eines Universitätswechsels berichtet Laynez noch
einen weiteren: Ignatius habe gehofft, sich in Paris ungestörter den Studien widmen zu können, da er dort wegen
seiner Unkenntnis der französischen Sprache weniger durch
seelsorgliche Aufgaben abgehalten würde.

72 Mitte September brach Ignatius von Salamanca auf und
kam in der ersten Oktoberhälfte in Barcelona an. Der Verweis auf die Kriegswirren erklärt sich aus der politischen
Lage von 1527: Im August wurde zu Amiens ein Bündnis
zwischen Franz I. von Frankreich und Heinrich VIII. von
England geschlossen. Ein französisches Heer unter dem
Oberbefehl des Generals Lautrec rückte in Oberitalien vor.
Gleichzeitig liefen zwar noch diplomatische Verhandlungen
mit dem Kaiser, die jedoch die eigentliche Kriegserklärung
nur noch wenig hinauszögerten. Diese Entwicklung war
vorauszusehen, als Ignatius sich nach einem fast drei-
monatigen Aufenthalt in Barcelona um die Jahreswende
auf den Weg nach Paris machte.

73 Für den Weg nach Paris brauchte der Fußwanderer einen
guten Monat. In einem am 3. März 1528 aus Paris an
Frau Inés Pascual geschriebenen Brief teilt Ignatius als
genauen Ankunftstag den 2. Februar mit. — Auffallend ist
die unsichere Jahresangabe, aber verständlich, wenn man
die Art des mündlichen Berichtes berücksichtigt. Wortgetreu
schreibt Pater Gonçalves diese zweifache Jahreszahl nieder
und überläßt dem Leser durch den Verweis auf das
Geburtsjahr des Prinzen Philipp (1527) die genaue Da-
tierung. — Das Montaigu-Kolleg hatte seinen Namen
von dem Gründer, einem Erzbischof von Rouen aus dem
14. Jahrhundert. Am Ende des 15. Jahrhunderts hatte es
unter der Leitung des Flamen Standonck, eines Vertreters
der Devotio moderna, seine Blütezeit. Damals war auch
Erasmus unter seinen Schülern, er wahrte jedoch dem Kolleg
eine denkbar schlechte Erinnerung. — Die Universität
Paris bestand damals aus ungefähr sechzig Kollegien, die
zum größten Teil ihre eigenen Professoren und Vorlesungen
hatten. Die Zahl der Studenten wird auf etwa 4000 ge-
schätzt (die zeitgenössischen Angaben sind oft stark über-
trieben). Sie verteilten sich auf vier Fakultäten, deren
größte die sogenannte Artisten- (im heutigen Sprachgebrauch:

Philosophische) Fakultät war, da auch Theologen, Medi-
ziner und Juristen zuerst den artistischen Studiengang
durchlaufen mußten. Entsprechend der Zahl ihrer Studenten
war sie wiederum in vier ,Nationen' aufgeteilt, wobei die
Spanier zur ,honoranda natio gallicana' zählten. In den
einzelnen Kollegien unterschied man Bursisten, die einen
Freiplatz (eine Burse) hatten, Pensionisten, die für entsprechende Bezahlung ein eigenes Zimmer mit eigenem
Tisch hatten, Portionisten, die gegen ein kleineres Entgelt
unter den Bursisten wohnten, und Externe, die nur zu den
Vorlesungen in das Kolleg kamen. — Nach der damals
gültigen Studienordnung des Montaigu-Kollegs war das
humanistische Studium in sieben Klassen zu absolvieren,
womit jedoch kein bestimmter Zeitraum vorgeschrieben war.
Vielmehr stiegen die Schüler je nach ihren Kenntnissen
rascher oder langsamer zu den höheren Klassen auf. Auf
Grund seiner Vorstudien konnte Ignatius den ganzen Kurs
in anderthalb Jahren zu Ende führen. Die Tagesordnung
für die Studenten begann um 4 Uhr früh. Nach dem Aufstehen wurde sofort Unterricht gehalten, um 6 Uhr war
gemeinsame Messe, von 8 bis 10 Uhr wiederum Unterricht,
anschließend eine einstündige Disputation. Nach dem
Mittagessen folgte sofort wiederum eine weitere Disputation. Nach einer Mittagspause war von 3 bis 5 Uhr Unterricht, anschließend die gesungene Vesper, um 6 Uhr Abendessen mit anschließender Disputation. Nach der Komplet
um 7.30 Uhr hatten die Studenten zur Ruhe zu gehen. Die
so häufig angesetzten Disputationen sollten zu einem besseren Verständnis des behandelten Unterrichtsstoffes und zugleich zu größerer Fertigkeit im Lateinsprechen verhelfen. —
Ostern fiel im Jahr 1528 auf den 12. April, so daß der
Umzug in das Jakobsspital auf etwa Mitte April anzusetzen ist. — In der Pariser Zeit erscheint zum erstenmal
der Name Ignatius, der wohl wegen seiner Ähnlichkeit mit
dem außerhalb Spaniens seltenen Namen Inigo gewählt
wurde. In den nächsten fünfzehn Jahren finden sich beide
Namen, dann verschwindet der Taufname Inigo gänzlich,
und der Ordensgeneral nennt sich nur noch Ignatius.

74 Dieses Spital war ursprünglich gegründet als Unterkunft
für die Pilger, die nach Santiago de Compostela zogen, und

trug daher den Namen dieses Apostels. Infolge der im Text geschilderten Umstände konnte Ignatius nur etwa von 8 Uhr früh bis 5 Uhr nachmittags dem Schulbetrieb folgen.

75 Der Bakkalaureus Juan Castro stammte aus Burgos. Er wohnte im Kolleg der Sorbonne, gestiftet von dem Hofkaplan Ludwigs des Heiligen, Robert Sorbonne. Dieses Kolleg gab später der ganzen Universität den Namen. Castros Zusammentreffen mit Ignatius war entscheidend, daß er nach seiner Rückkehr nach Spanien in die Kartause Val de Cristo bei Segorbe (nahe bei Valencia) eintrat, wo Ignatius ihn 1535 besuchte (vgl. Nr. 90) und wo Castro 1556 als Prior starb.

76 Flandern war, wirtschaftlich gesehen, das Herzstück des Weltreiches Kaiser Karls V. Vor allem in Antwerpen und Brügge hielten sich viele spanische Großkaufleute auf. In den drei aufeinanderfolgenden Jahren von 1529 bis 1531 machte Ignatius seine Bettelreisen dorthin, das erstemal in der Fastenzeit, in den beiden anderen Jahren während der Sommerferien. Beim letztenmal ging er auch nach London. Vermutlich hatte der bekannte spanische Humanist Luis Vives, der als Erzieher der Thronfolgerin Maria, der Tochter Heinrichs VIII. und Catarinas von Aragón, von 1521 bis 1528 am englischen Hofe geweilt hatte und den Ignatius wohl bei seiner ersten Flandernreise in Brügge kennenlernte, dem Pilger Ratschläge und Empfehlungen für seine Englandfahrt gegeben. In den späteren Jahren übersandten ihm seine spanischen Freunde in Flandern jährlich eine größere Geldsumme, ohne daß Ignatius selbst noch weiterhin die zeitraubende Reise zu machen brauchte.

77 Diese Begebenheit fällt nach der genaueren Zeitangabe bei Polanco in den Sommer 1529. Über den zweiten der hier erwähnten drei Männer wurde bereits in der Erläuterung zu Nr. 75 berichtet. Pedro de Peralta aus Toledo hatte eben in jenem Jahr seine Lehrtätigkeit an der Philosophischen Fakultät begonnen, er wurde später Kanoniker an der Heimatkathedrale und ein bekannter Prediger. Zeitlebens blieb er Ignatius und seinem Orden in Dankbarkeit verbunden. Amador de Elduayen war ein engerer Landsmann des Ignatius aus der Diözese Pamplona. 1526 an der

Pariser Universität immatrikuliert, gehörte er zum Barbarakolleg, dessen Leiter de Gouvea uns im folgenden noch
begegnet. Seine weiteren Lebensschicksale sind unbekannt.

78 Der Portugiese Diego de Gouvea leitete das Barbarakolleg
von 1520 bis 1548 mit einigen Unterbrechungen, in denen
er verschiedene Aufträge seines Königs zu erledigen hatte.
Dieser hatte 1525 am Barbarakolleg fünfzig Freiplätze für
portugiesische Studenten gestiftet. Unter der Leitung von
de Gouvea wurde das Kolleg zum eigentlichen Mittelpunkt
des Pariser Humanismus. — Die angedrohte Strafe, im
Original ‚dar una sala', war eine der schärfsten Strafen, die
gegen Studenten verhängt wurden, und wurde vollzogen,
indem in Gegenwart aller Studenten des Kollegs der Misse-
täter von den Professoren mit Ruten ausgepeitscht wurde.
Ignatius war damals — Sommer 1529 — noch im Montaigu-
Kolleg. Als er auf den 1. Oktober in das Barbarakolleg
eintrat (vgl. Nr. 81), war aber die Drohung vergessen.
Indessen wurde einige Zeit später von dem Magister Peña
eine Klage gegen Ignatius bei Gouvea eingebracht: er fehle
bei den jeden Sonntagmorgen abzuhaltenden Disputationen
und verführe auch immer mehr andere Studenten dazu.
Tatsächlich hatte er eine Gruppe um sich geschart, die des
Sonntags statt in den Hörsaal zur Kartäuserkirche ging,
um dort zu beichten und zu kommunizieren. Als mehrere
Mahnungen nichts fruchteten, entschloß sich der Rektor des
Kollegs, die früher angedrohte Strafe nun durchführen zu
lassen. Während alle Professoren und Studenten schon in
einem Saal zur Vollstreckung der Strafe versammelt waren,
ging Ignatius, der zunächst die entehrende Behandlung einfach über sich ergehen lassen wollte, dann aber doch aus
Rücksicht auf seine apostolischen Pläne Bedenken bekam,
zum Leiter des Kollegs, um ihn über den ganzen Sach-
verhalt aufzuklären. De Gouvea wurde durch dieses Gespräch so beeindruckt, daß er mit Ignatius in den Saal ging,
ihn dort vor allen Anwesenden um Entschuldigung für die
unbegründete Strafandrohung bat und ihn mit Worten voll
des Lobes rechtfertigte. In den drei Jahren, während welcher Ignatius im Barbarakolleg blieb, entwickelte sich zwischen den beiden Männern eine echte Freundschaft. Jahre
später war es de Gouvea, der den portugiesischen König

auf die kleine ordensähnliche Gemeinschaft um Ignatius in Rom aufmerksam machte und ihr so das weite Arbeitsfeld in Portugal und Indien eröffnete.

79 Diese Begebenheit, die auf das in Nr. 73 Berichtete verweist, fällt in den August oder September 1529. — Mit dem ersten Abschnitt bricht der spanische Text im Original ab, das folgende ist in italienischer Sprache geschrieben. Pater Gonçalves gibt in seinem Vorwort den Grund für diesen Wechsel an (Nr. 5). — Die Entfernung Paris—Rouen beträgt etwa 150 Kilometer. Der Plan, auf so sonderbare Weise diesen weiten Weg zurückzulegen, mag verständlicher werden durch die Weisung im Exerzitienbuch des Heiligen, wo er unter den Gründen, weswegen man äußere Bußübungen auf sich nimmt, schreibt: „Drittens, um eine Gnade oder Gabe, die man begehrt und ersehnt, zu suchen und zu finden." Man vergleiche dazu auch Ignatius' ähnliches Verhalten in Manresa (Nr. 24 und Erläuterung dazu). — Die Dominikuskirche war eine der zwei Hauptkirchen des Universitätsviertels. — Für die im Text erwähnte Reliquie von Argenteuil, die heute noch dort verehrt wird, lassen sich kaum Zeugnisse über das Spätmittelalter hinaus finden, so daß sie heute als nicht echt angesehen wird.

80 Doña Leonor Mascarenhas, aus portugiesischem Adel, war als Hofdame der portugiesischen Prinzessin Isabella, der Gemahlin Karls V., an den spanischen Hof gekommen und erhielt dort trotz ihrer Jugend nach der Geburt des Prinzen Philipp die Vertrauensstellung der Aya (Erzieherin). Nach dem Tod der Kaiserin (1539) wurde sie den beiden verwaisten Infantinnen Maria und Juana gleichsam eine zweite Mutter. Philipp übertrug ihr später nach dem Tod seiner Gattin Maria (1545) die gleiche Aufgabe der Aya bei dem kleinen Don Carlos. Mit dieser Dame, deren Einfluß weit über ihre eigentliche Stellung bei Hofe hinausging, war Ignatius vermutlich schon bei seinem Aufenthalt in Valladolid 1527 bekannt geworden. Eine tiefe Verehrung für den Pilger verband Leonor ihr ganzes Leben lang mit Ignatius und seinem Orden. So schrieb sie 1542 an einen der ersten Gefährten, Peter Favre: „Das Leben der Vollkommenheit zu wählen, das heißt Ihnen und Inigo zu folgen, würde ich mit Begeisterung tun, wenn ich ein Mann wäre. Aber ich

bin nur eine Frau, eine Sünderin und ohne Tugendfortschritt, und so darf ich nicht mitdenken und mitreden bei heiligen Dingen, geschweige denn bei solchen, welche die ‚Kompagnie‘ des Inigo betreffen." — Die kurze Nachricht über die erste Reise des Calisto nach Lateinamerika (im Original heißt es hier wie danach ‚kaiserliches Indien‘) wird bestätigt und ergänzt durch einen von M. Bataillon neu entdeckten amtlichen Brief aus Mexiko vom 14. August 1531: die ‚gewisse fromme Dame‘ war Catarina Hernández aus Salamanca, die zusammen mit einigen andern gleichgesinnten frommen Frauen in Begleitung des Calisto nach Mexiko gekommen war. Da sein Verhältnis zu dieser Dame einigen Verdacht dort erregte, wurden die beiden von Amts wegen getrennt und ihm ein Aufenthaltsort im Innern des Landes angewiesen, worauf Calisto vorzog, wieder nach Spanien zurückzukehren. — Die Bemerkung über Cáceres macht klar, daß er von dem gleichnamigen Studenten zu unterscheiden ist, der sich Ignatius in Paris für einige Zeit angeschlossen hat. — Artiaga wurde Mitglied des Ritterordens von Santiago, womit feste Einkünfte (eine Kommende) verbunden waren. Die Aufnahme hatte er dem Ordenskomtur von Kastilien, Don Juan de Zúñiga, zu verdanken, in dessen Dienst er in den Jahren 1533—1540 als Erzieher seines ältesten Sohnes Luis de Requesens stand. Dies hinwiederum ist wohl auf seine Verbindung mit Ignatius zurückzuführen, der mit Don Juan wie mit dessen Gattin Doña Estefanía de Requesens während seines mehrmaligen Aufenthaltes in Barcelona näher bekannt geworden war. 1539 wurde Artiaga von Karl V. als Bischof von Chiappas in Mexiko vorgeschlagen und 1540 von Papst Paul III. bestätigt. Doch starb er durch den geschilderten Unglücksfall noch vor der Übernahme der Diözese im September 1541 und erhielt den berühmten Dominikaner Bartholomäus de las Casas als Nachfolger. — Mit ‚Türkenwasser‘ (acqua di Solimano) wurde die farblose Mischung von Wasser mit dem hochgiftigen Quecksilberchlorid bezeichnet.

81 Durch Polanco erfahren wir, daß es vor allem der Theologieprofessor an der Sorbonne Dr. Pedro Ortiz war, der die Aufmerksamkeit der Inquisition auf Ignatius lenkte. Später weilte er im Auftrag Karls V. am päpstlichen Hofe,

Ignatius erwähnt ihn im Verlauf seines Berichtes noch zweimal (Nr. 93 u. 98). — ‚Magister Noster‘ war der offizielle
Titel der Pariser Theologieprofessoren, zu denen auch der
Inquisitor gehörte, der kaum ein Jahr zuvor das theologische Doktorat erlangt hatte und von Klemens VII. zum
Inquisitor von Frankreich ernannt worden war. Ignatius
wird ihm neun Jahre später, 1538, in Rom wieder begegnen,
wo er gleich Ortiz und dem zur selben Zeit sich dort auf-
haltenden Figueroa sich mit Eifer für die kleine Gemeinschaft um den Pilger einsetzt.

82 Der 1. Oktober war der Beginn des akademischen Jahres.
Auf diesen Tag 1529 trat Ignatius in das Barbarakolleg ein.
Juan de la Peña aus Valencia war dort seit 1524 Professor
der Philosophie. Die Studenten waren in drei Jahresklassen
eingeteilt: Summulisten, Logiker und Physiker. — Die
folgende Begebenheit entspricht ganz dem, was Ignatius
bereits von seinem Studienanfang in Barcelona berichtete
(vgl. Nr. 54 f.). — Zum erstenmal erscheinen hier zwei
Namen von Gefährten, die nun auf Dauer Ignatius verbunden bleiben. Magister Peter Favre, geboren 1506 in
Savoyen, war 1525 in das Barbarakolleg gekommen und
Ostern 1529 zum Lizentiaten der Philosophie graduiert
worden. Man hatte Ignatius zusammen mit Favre und
Francisco de Xavier ein gemeinsames Zimmer angewiesen.
Favre, der unter skrupulöser Ängstlichkeit litt, hatte sich
bald seinem neuen Zimmergenossen angeschlossen und fand
in ihm den rechten Seelenführer, der durch Güte und Entschiedenheit ihn bald von seiner inneren Unruhe befreite.
Der gleichaltrige Franz Xaver stammte aus derselben Diözese Pamplona wie Ignatius. Für die kirchliche Laufbahn
bestimmt, hatte er 1525 in Paris seine Studien begonnen und
wurde im März 1530 Lizentiat; im Oktober desselben
Jahres hielt er im Beauvais-Kolleg seine Antrittsvorlesung.
Ignatius, von dem der eitle und ehrgeizige Dozent anfangs
nichts wissen wollte, kam ihm zunächst durch praktische
Hilfsdienste näher, indem er ihm Studenten als Hörer zu-
führte und ihm auch in finanziellen Schwierigkeiten unauffällig aushalf. Allmählich ließ sich jedoch Xaver von
der Grundidee des Ignatius, dem restlosen Dienst für Gott,
beeindrucken und entschloß sich in der ersten Hälfte des

Jahres 1533, dem Ruf Gottes ganz Folge zu leisten. — Der hier genannte Doktor Frago, aus Tarazona in Aragonien stammend, war Professor der Exegese an der Sorbonne.

84 Worin genau die Zeremonie des ‚den Stein nehmen‘ bestand, läßt sich nicht mehr eindeutig feststellen. Vermutlich ist dieses Wort ein Ausdruck der Studentensprache für eine von dem Neupromovierten zu veranstaltende und zu bezahlende Festlichkeit für seine Kommilitonen. Der Grad des Bakkalaureus wurde dem Philosophiestudenten nach Abschluß der ersten zwei Studienjahre, nach bestandenen verschiedenen Zulassungsexamina und nach erfolgreicher Verteidigung von philosophischen Thesen in einer öffentlichen Disputation feierlich verliehen. Ignatius war an diesem ersten Ziel seiner akademischen Laufbahn zu Anfang des Jahres 1532. Ein Jahr später, am 13. März 1533, wurde er Lizentiat der Philosophie, womit die ‚venia legendi‘ verbunden war. Dafür hatte er ein weiteres Jahr Philosophie studieren müssen, in dem auch Einführungen in Mathematik und Astronomie gegeben wurden. Eine öffentliche Festsitzung mit einer Probevorlesung des Kandidaten, einem sogenannten Quodlibetale, beschloß diesen Abschnitt der Ausbildung. Die mit der Promotion verbundenen Kosten waren beträchtlich, so daß Ignatius seine Zuflucht zu seiner Wohltäterin von Barcelona, Inés Pascual, nehmen mußte. Als Lizentiat begann er das Studium der Theologie, 1533 bis 1535. Zu Anfang dieses letzten Jahres erwarb er sich noch den weiteren akademischen Grad in der Philosophie als Magister artium. Vermutlich war Ignatius wegen seiner ungünstigen finanziellen Lage gezwungen gewesen, so lange zu warten. Das Abschlußzeugnis der Theologischen Fakultät bestätigt, daß er ein und ein halbes Jahr Theologie studiert habe. In Wirklichkeit waren es jedoch gut zwei Jahre. Der scheinbare Widerspruch erklärt sich daraus, daß die Zeitangabe in dem Dokument eine feststehende Formel war, die unabhängig von der tatsächlichen Studiendauer eingesetzt wurde und eigentlich nur bescheinigen wollte, daß der betreffende Student in ausreichendem Maße Theologie studiert habe. — Von den Gefährten wurden in Nr. 82 bereits Peter Favre und Franz Xaver ge-

nannt. Außer ihnen hatten sich während dieser letzten Pariser Jahre, die im Bericht nur ganz beiläufig berührt werden, weitere vier Studenten Ignatius angeschlossen. Diego Laynez aus Almazán in der Diözese Sigüenza und Alfons Salmerón aus Toledo hatten sich auf der Universität von Alcalá kennengelernt; sie hörten dort noch vielerlei über jenen Inigo de Loyola, der ebendort in Alcalá ein gutes Jahr lang studiert und soviel von sich reden gemacht hatte. Der Wunsch, diesen seltsamen Mann kennenzulernen, war mit ein Grund für die beiden Freunde, ihm nach Paris nachzuziehen, wo sie im Frühjahr 1534 unter seiner Leitung die Geistlichen Übungen machten. Der dritte war Nicolás Bobadilla aus der Diözese Palencia, der schon eine Philosophieprofessur in Valladolid versah, dann aber zum Abschluß seiner theologischen Studien nach Paris übersiedelte, wo er nebenbei wiederum Philosophie dozierte. Seine brüske und oft unüberlegte Art, zu handeln und zu reden, ließ ihn zum ,Enfant terrible' unter den Gründergeneration des Jesuitenordens werden, als deren letzter er 1590 starb. Neben diesen drei Spaniern erscheint noch der Portugiese Simon Rodrigues aus der Diözese Viseu, der seit 1527 im Barbarakolleg als Stipendiat des portugiesischen Königs studierte. Etwa zwanzig Jahre später hatte Ignatius mit dem in seine Ideen verrannten Jünger einen ernsten Konflikt zu bestehen.

85 Das hier mitgeteilte Ergebnis der gemeinsamen Beratungen über die Zukunft gibt den Hauptinhalt, wenn auch nicht den eigentlichen Wortlaut des Gelübdes, das Ignatius mit seinen sechs Gefährten am Morgen des 15. August 1534 in der dem heiligen Dionysius geweihten Kapelle auf dem Montmartre ablegte. Während der heiligen Messe, die Peter Favre, damals der einzige Priester unter der kleinen Schar, feierte, legten sie das Gelübde ab, in Armut Gott zu dienen und in das Heilige Land zu gehen, um sich dort der Seelsorge zu widmen, oder — falls die Reise nach Palästina innerhalb eines Jahres nach ihrer Ankunft in Venedig nicht möglich sein sollte oder falls sie nicht auf Dauer im Heiligen Land bleiben könnten — sich dem Papst als dem Stellvertreter Christi zur Verfügung zu stellen, damit dieser ihnen dann ein Arbeitsfeld anweise, wo sie mehr im Dienste

Gottes leisten könnten. Dieses feierliche Versprechen bildete später den Ausgangspunkt und die Grundlage für die 1539 in Rom stattfindenden Überlegungen, die zur Gründung der Gesellschaft Jesu führten. Das Gelübde vom Montmartre verrät einerseits die Hochstimmung, in der die sieben Gefährten die Richtung ihres ganzen Lebens vor Gott bestimmten, und gleichzeitig einen gewissen Realismus, da die Entscheidung, ob ihr Plan wirklich Gottes Wille sei, durch ein so äußerliches Kriterium geschehen sollte, wie es die Möglichkeit einer Schiffsreise innerhalb eines bestimmten Zeitraumes ist. Tatsächlich ist jedoch anzunehmen, daß Ignatius und seine Gemeinschaft damals, 1534, zuinnerst davon überzeugt waren, daß der Gedanke der Missionierung Palästinas der Wunsch und Wille Gottes für sie sei. Denn sie rechneten wie selbstverständlich mit der Durchführung dieses ihres Lebensplanes, und die später eintretende Unmöglichkeit stellte sie vor eine zwar theoretisch einkalkulierte, aber praktisch nicht eigentlich vorgesehene Situation, wie aus den nach Ablauf der Wartefrist beginnenden Beratungen ersichtlich wird. — In den folgenden zwei Jahren fanden die in Paris zurückgebliebenen Gefährten sich jeweils am 15. August wieder in der gleichen Kapelle ein, um dort das Gelübde von 1534 zu erneuern. 1535 war dabei ihre Zahl durch Claude Jay, einen Savoyarden, vermehrt, den sein Landsmann Peter Favre gewonnen hatte. 1536 kamen noch zwei weitere Gefährten dazu, die ersten Franzosen innerhalb der kleinen Gemeinschaft; Paschasius Broët aus der Gegend von Amiens war schon 1523 zum Priester geweiht worden, ging jedoch 1534 zur Ergänzung seiner Studien nach Paris; Jay führte ihn Peter Favre zu, unter dessen Leitung er die Geistlichen Übungen machte. Auf dem gleichen Wege stieß Jean Codure aus der Provence, der seit Ende 1535 in Paris weilte, zu den Gefährten.

86 Am 15. November 1536 brachen die nunmehr neun Freunde von Paris auf, während Ignatius mit ihnen vor seiner Abreise Ende März 1535 den 25. Januar 1537 abgemacht hatte, um ihnen genügend Zeit zum Abschluß ihrer Studien und zur Erlangung der akademischen Grade zu lassen. Die Vorverlegung des Reisetermins war in der politischen Lage

begründet. Im August 1536 marschierten kaiserliche Truppen vom Süden her in Frankreich ein, da Franz I. erneute Anstrengungen um Mailand machte. Gleichzeitig drang vom Norden her ein flandrisches Heer gegen Paris vor. Zwar blieben diese militärischen Operationen ohne eigentlichen Erfolg, jedoch war der nächste Weg nach Venedig nicht mehr ratsam. So mußten die Gefährten die Route über Süddeutschland und die deutsch-österreichischen Alpenpässe wählen, was eine Verlängerung der Reisezeit bedeutete und deshalb einen vorzeitigen Aufbruch notwendig machte, um zur vorgesehenen Zeit nach Venedig zu kommen. — Magister Ory war inzwischen als Inquisitor durch seinen Ordensbruder Valentin Liévin abgelöst worden. Der Zeitpunkt für die erneute Denunziation, die in den ersten Monaten des Jahres 1535 gegen Ignatius bei der Inquisition eingebracht wurde, war äußerst geschickt gewählt. Nachdem nämlich in den Jahren zuvor sich die protestantischen Bestrebungen unter der stillschweigenden Duldung des französischen Königs ziemlich frei entfalten konnten, hatte dieser sich nach den Unruhen im Oktober 1534 gerade um die Jahreswende zu entschiedeneren Maßnahmen gegen die Neuerer entschlossen. Jede Anzeige wegen mangelnder Rechtgläubigkeit bedeutete daher gerade in diesen Monaten, da viele Verhaftungen und mehrere Hinrichtungen erfolgten, eine besondere Gefahr.

87 Der genaue Zeitpunkt der Abreise des Ignatius aus Paris ist nicht bekannt. Da jedoch ein von Franz Xaver ihm mitgegebener Brief vom 25. März 1535 datiert ist, ist anzunehmen, daß Ignatius kurz danach Paris verlassen hat. — Mit der ,Provinz' ist die Heimatprovinz Guipúzcoa gemeint. — Für den Reiseweg, von dem Ignatius nur Bayonne als einzigen Durchgangsort nennt, dürfte er zu Pferd etwa drei Wochen gebraucht haben. — Mit ,seinem Bruder' meint Ignatius den schon ganz zu Anfang des Berichtes genannten Martín García de Oñaz y Loyola, der als der älteste überlebende seiner Brüder Herr von Loyola war. In der Textüberlieferung findet sich die Variante, Ignatius sei an der Grenze des eigentlichen Herrschaftsgebietes der Loyola von einer Gruppe von Klerikern erwartet und empfangen worden, woraus dann die spätere

Tradition einen großartigen Einzug unter Beteiligung einer zahlreichen Volksmenge werden ließ. — Ignatius nahm in dem außerhalb der Stadtmauer östlich von Azpeitia gelegenen Magdalenenhospital Unterkunft, während der Stammsitz der Loyola etwa zwei Kilometer westlich der Stadt liegt. Welches Aufsehen die Wahl eines so ärmlichen Quartiers erregte sowie viele Einzelheiten über die Bettelgänge des in der ganzen Stadt bekannten ehemaligen Offiziers werden in den zahlreichen noch erhaltenen Protokollen der Zeugeneinvernahmen anläßlich des Seligsprechungsprozesses in Azpeitia berichtet.

88 Aus einem späteren Brief des Heiligen erfahren wir, daß damals auch sein Neffe Beltrán, der älteste Sohn des Schloßherrn, der nach dessen Tod 1538 das Majorat übernahm, unter der Leitung des Onkels die Geistlichen Übungen gemacht hatte. — Das Kartenspiel war damals in ganz Spanien nach den Worten eines venezianischen Gesandten eine wahre Nationalleidenschaft. Später wird Franz Borja am Hof von Valladolid einen ähnlichen Kampf dagegen führen und zur Ablenkung der Spielwut ein eigenes ‚Tugendkartenspiel' erfinden. — Für die vorgeschlagenen Maßnahmen gegen das Konkubinat gab es in einer von Königin Isabella 1484 für Azpeitia erlassenen Verordnung die rechtliche Grundlage. Bei dem Hinweis auf die Geistlichen in diesem Zusammenhang dachte Ignatius sicher auch an seinen eigenen Bruder Pero López, der bis zu seinem Tod 1529 Pfarrer in Azpeitia war und durch Jahre in stadtbekanntem Konkubinat gelebt hatte.

89 Die Armenordnung, datiert vom 23. Mai 1535, ist noch erhalten. Sämtliche Autoritäten der Stadt: Bürgermeister, Gemeinderat, Kirchenvertreter und der Schloßherr von Loyola, stimmten einem einheitlichen und gemeinsamen Vorgehen bei. Der entscheidende Punkt war der Beschluß, einen eigenen Armenrat zu bestellen, der die Almosen der Bürgerschaft einzusammeln und an die Armen der Stadt entsprechend ihrer Bedürftigkeit zu verteilen hatte. Der Plan einer organisierten Armenpflege war zwar nichts Neues, doch verlangte die praktische Ein- und Durchführung einen Mann von Autorität, der die verschiedenen Privatinteressen in die gemeinsame Aktion einzuordnen

verstand. — Die Kosten für das tägliche Gebetsläuten übernahm der Majoratsherr, der eine eigene Bestimmung darüber in sein Testament (1538) aufnahm. Ignatius hatte diesen Brauch in Rom und Paris kennengelernt. — In einem Brief vom Sommer 1540 aus Rom an die Heimatgemeinde faßt Ignatius diese während seines Aufenthalts in Azpeitia getroffenen Maßnahmen zusammen und erinnert seine Landsleute an ihr Versprechen, sie auch getreu durchzuführen. — Die Abreise aus Azpeitia, wo sich Ignatius etwa drei Monate aufgehalten hatte, ist auf Ende Juli 1535 anzusetzen.

90 Zunächst ging Ignatius nach Pamplona, in dessen Nähe der Bruder von Franz Xaver, der Capitán Juan de Azpilcueta, wohnte, der einst im Krieg um Navarra von 1521 auf seiten der Franzosen gekämpft hatte; ihm hatte Ignatius einen Brief seines Bruders Franz zu überbringen. — In Almazán besuchte er die Eltern des Diego Laynez, die dort in sehr guten Verhältnissen lebten. — Toledo war die Heimat Salmeróns; dort traf Ignatius auch seinen Pariser Studienfreund Peralto, der nun an der Kathedrale ein gefeierter Prediger war. Ignatius hatte die Absicht, diesen wie auch seine übrigen früheren Gefährten zum Anschluß an den in Paris am 15. August 1534 gegründeten Bund zu gewinnen, jedoch waren bei allen seine Bemühungen erfolglos. Auf dem Weg nach Toledo machte Ignatius auch einen kurzen Aufenthalt in Madrid, wo sich der achtjährige Prinz Philipp aufhielt. Dank der Beziehungen zu Leonor Mascarenhas und zum Hofmeister des Prinzen, Don Juan de Zúñiga, kam Ignatius mit dem jungen Philipp zusammen. Noch fünfzig Jahre später erinnerte sich König Philipp II. an diese Begegnung, als ihm das von Sánchez Coello gemalte Porträt des Ignatius gezeigt wurde. — In der Kartause von Segorbe bei Valencia blieb Ignatius eine gute Woche lang. Nicht nur vertiefte sich die Freundschaft zwischen ihm und seinem ehemaligen Studiengefährten Juan Castro, sondern es wuchs zugleich die Hochachtung, die Ignatius dem Kartäuserorden entgegenbrachte. Wie hier, waren es auch einige Jahre später in Köln die Kartäusermönche, die an Ignatius und seiner jungen Ordensgründung besonderes Interesse nahmen, das dann 1544 in einem

gegenseitigen Dokument beider Orden Ausdruck fand, in dem sie einander brüderliche Gebetshilfe und Unterstützung zusicherten. — Chaireddin Barbarossa, der berüchtigte Piratenhauptmann im Dienste der Türken, war trotz der Erfolge, die Karl V. bei seiner Expedition nach Tunis kurz zuvor erzielt hatte, noch immer Herr des westlichen
91 Mittelmeeres.

Über die stürmische Überfahrt hat Ignatius schon in Nr. 33 berichtet. Etwa Ende Oktober war er in Valencia abgefahren und — möglicherweise auf dem Umweg entlang der Küste nach Barcelona — gegen Mitte November in Genua eingetroffen. Von dort ging er zunächst entlang der ligurischen Küste und überquerte von Toskana aus, dem Renofluß folgend, den Apennin; hier ist wohl die geschilderte Begebenheit zu lokalisieren. — Die lückenhafte Erzählung wird ergänzt durch einen Brief des Ignatius vom Februar 1536: er habe ursprünglich den Plan gehabt, in Bologna seine theologischen Studien fortzusetzen, das Klima dort sei ihm aber sehr abträglich gewesen, und deshalb habe er Venedig als Aufenthaltsort vorgezogen. Während seiner Krankheit war er im Spanischen Kolleg an der Bologneser Universität aufgenommen worden.

92 Ignatius kam im Laufe des Januars 1536 nach Venedig; der Prior der ehemaligen Deutschordenskommende, Andrea Lippomani, nahm ihn in seinem Haus auf. Während des einen Jahres, da Ignatius bis zur Ankunft seiner Gefährten allein in Venedig weilte, führte er sein theologisches Studium privat weiter und begann daneben wieder eine eifrige seelsorgliche Tätigkeit. — Pietro Contarini gehörte zur Linie von San Trovaso, die schon seit Jahrhunderten von der gleichnamigen Familie della Madonna dell'Orto getrennt war; aus dieser stammt der Kardinal Gasparo Contarini, der zwei Jahre später mit seinem Einfluß in Rom Ignatius bei der Ordensgründung entscheidend unterstützte. Pietro Contarini war einer der maßgebenden Männer in der großen Reformbewegung, die sich, wie fast überall in Italien, so auch in Venedig besonders seit dem Sacco di Roma (1527) eine Erneuerung des religiösen Lebens zum Ziel gesetzt hatte. Die Arbeit des Ignatius und später seines Ordens in Rom und in den andern italienischen Städten

178

stand ganz in der Linie dieses schon begonnenen Neuaufbruchs, der die Kirche schließlich aus den gefährlichen Bindungen an die Renaissance herausführen sollte. — Gasparo de Dotti war als venezianischer Prälat in der dortigen Nuntiatur tätig. Seit 1546 ist er dann an der römischen Kurie und wird 1551 Gouverneur von Loreto; 1556 legt er mit Erlaubnis des Papstes die einfachen Ordensgelübde der Gesellschaft Jesu ab, ohne jedoch seine Stellung und sein Amt aufzugeben. — Über die Persönlichkeit des dritten Exerzitanten, des Spaniers Rozas, ist nichts Näheres bekannt. — Der Bakkalaureus Hoces, aus Malaga stammend, starb als erster aus der kleinen Gemeinschaft um Ignatius; über seinen Tod berichtet dieser in Nr. 98. — Der Bischof, mit dem Hoces sich besprochen hatte, wird im Text ‚Bischof von Cette' genannt; wer mit dieser Bezeichnung gemeint ist, läßt sich nicht mehr eindeutig bestimmen. Die Herausgeber des Pilgerberichtes in den Monumenta Historica S. J. deuten die Ortsbezeichnung als Ceuta in Nordafrika; dann würde es sich um den portugiesischen Bischof Diego de Silva handeln, der sich damals gerade in Venedig aufgehalten habe. Wenn auch diese Deutung dem bloßen Textbefund gerecht wird, so scheint uns doch die Lesart bei Larrañaga, die in den vorliegenden Text aufgenommen wurde, sachlich richtiger. Denn aus dem Zusammenhang ergibt sich, daß der gemeinte Bischof ein damals in Venedig bekannter Mann gewesen sein muß, mit dem Hoces wohl öfters zusammenkam; also dürfte ein vorübergehender Aufenthalt nicht ausreichend gewesen sein. Außerdem legt der Text die Auffassung nahe, daß die vorsichtige und sogar mißtrauische Einstellung des Hoces gegenüber den Geistlichen Übungen auf die vorausgegangenen Gespräche zurückzuführen sei, womit natürlich nicht die Unterredungen mit Ignatius, sondern nur die mit dem in Frage stehenden Bischof gemeint sein können. Beiden Voraussetzungen, die der Inhalt der Stelle nahelegt, wird nun die Lesart Chieti gerecht. Denn dann ist darunter der Bischof von Theate (= Chieti), Gian Pietro Carafa, der spätere Papst Paul IV., zu verstehen, der 1524 den Theatinerorden mitbegründete und seit 1527 in Venedig lebte. Ignatius kam mit ihm in seiner venezianischen Zeit wegen

Meinungsverschiedenheiten in einzelnen praktischen Punkten in einen gewissen Konflikt, der schuld war, daß die beiden Männer zeit ihres Lebens sich nicht mehr ganz fanden. Wenn auch der eigentliche Ausgangspunkt der Differenzen, ein Brief des Ignatius an den Bischof, wohl erst in die Zeit nach der hier berichteten Begebenheit anzusetzen ist, so ist doch anzunehmen, daß schon zuvor auf seiten des Bischofs ein gewisses Mißtrauen gegenüber dem spanischen Studenten und ‚Kirchenreformer‘ Ignatius bestanden habe.

93 Das Gerücht über die Verbrennung ‚in effigie‘ besagte zugleich, Ignatius habe sich dem Urteil des Glaubensgerichtes und der Auslieferung an die weltliche Justiz nur durch Flucht entziehen können. Das noch erhaltene Urteil, datiert vom 13. Oktober 1537 — also ganz am Ende des venezianischen Aufenthaltes —, war ausgefertigt durch den schon genannten Gasparo de Dotti. Es stellt die Haltlosigkeit der vorgebrachten Vorwürfe fest und bestätigt die Rechtgläubigkeit des Ignatius und seine einwandfreie Lebensführung. — Die Gefährten kamen nach einem beschwerlichen Marsch am 8. Januar 1537 in Venedig an. Zu je fünf fanden sie im Hospital der unheilbaren Kranken (so wurden in Italien die Opfer der Lustseuche bezeichnet) und im Spital San Giovanni e Paolo Unterkunft und Arbeit. Außer Hoces hatten sich noch zwei weitere Spanier Ignatius angeschlossen, die sich jedoch noch im gleichen Jahr wieder von ihm trennten. Zwei Monate später, ungefähr um den 12. März, brach die Gruppe nach Rom auf, wo die Gefährten nach Durchquerung der Sümpfe des Po-Deltas über Ravenna—Ancona am Palmsonntag, 25. März 1537, ankamen. Mit Rücksicht auf die damals in Rom weilenden Dr. Ortiz, der sich in Paris gegen Ignatius gestellt hatte (vgl. Nr. 77), und Gian Pietro Carafa, seit Dezember 1536 Kardinal, machte Ignatius selbst diese Romreise nicht mit. Tatsächlich war es jedoch gerade Dr. Ortiz, welcher den Gefährten eine Audienz bei Papst Paul III. vermittelte, der sie als Pariser Magistri wohlwollend empfing. Der Zweck der Reise wurde in vollem Umfang erreicht: der Papst gab nicht nur die Erlaubnis zur Palästinawallfahrt, sondern auch mit einem Geschenk von 60 Dukaten eine ansehnliche

Beihilfe zu den Reisekosten, worauf Kardinäle und andere
Persönlichkeiten am päpstlichen Hofe weitere 150 Dukaten
beisteuerten. Außerdem erhielten die Gefährten, soweit sie
schon Priester waren, ausgedehnte Beichtvollmachten, während den übrigen die Erlaubnis erteilt wurde, sich von
jedem Bischof ohne Einhaltung der sonst vorgeschriebenen
Wartefristen die höheren Weihen erteilen zu lassen. Anfang
Mai traten die Gefährten die Rückreise an. Am Fron-
leichnamsfest, 31. Mai, finden wir die ganze Gruppe wieder
in Venedig vereint, wo sie an der Prozession teilnahmen.
Nachdem die Nichtpriester am 10. Juni die niederen
Weihen, am 15. das Subdiakonat und am 17. das Diakonat
empfangen hatten, wurden sie — mit Ausnahme des noch
zu jungen Salmerón — am 24. Juni durch den Bischof von
Raab, Negusanti, zu Priestern geweiht. Zuvor hatten sie
vor dem Nuntius Verallo das Gelübde der Armut abgelegt,
womit ihr früher auf dem Montmartre gemachtes Gelübde,
das kirchenrechtlich ein ‚Privatgelübde‘ war, Öffentlichkeits-
charakter erhielt. Als Weihetitel, womit das Kirchenrecht
die Sicherstellung des entsprechenden Lebensunterhaltes für
die neu zu weihenden Priester bezeichnet und der deshalb
eine notwendige Voraussetzung für die Weihe bildet, wurde
den Gefährten freigestellt, sich weihen zu lassen auf den
Titel freiwilliger Armut (wie Ordensleute) oder aus-
reichender theologischer Studien (so daß sie also jederzeit
als Dozenten der Theologie Verwendung finden konnten)
oder auf beide Titel zusammen. Die Gefährten entschieden
sich für diese dritte Möglichkeit. Der Nuntius erteilte den
Neugeweihten außerdem mit einem am 5. Juli ausgestellten
Dokument weitgehende Vollmachten für die Seelsorge.

94 Schon während des Aufenthalts der zwölf Gefährten in
Rom hatte sich der Papst ihnen gegenüber geäußert, ihr
Plan einer Jerusalemwallfahrt ließe sich wohl kaum innerhalb der vorgesehenen Zeit durchführen. Denn Ende 1536
war bekannt geworden, daß der Sultan Suleiman im Bündnis mit Franz I. von Frankreich für 1537 ein Unternehmen
gegen Italien plane. Venedig, von beiden Seiten umworben,
hatte sich damals noch nicht entschieden. Indessen fuhr im
Mai 1537 eine starke türkische Flotte von Stambul aus, und
zugleich marschierte ein Landheer durch Mazedonien und

Albanien. Venedig, noch immer neutral, entsandte im Juni eine Flotte zum Schutze seiner dalmatinischen Besitzungen, obwohl der Sultan seine Freundschaft mit der Republik mehrfach beteuert hatte. Im gleichen Raum führte eine kaiserlich-päpstliche Flotte unter dem Befehl des Andrea Doria einen Kaperkrieg gegen türkische Versorgungsschiffe. Dabei kam es auch zu mehreren Zwischenfällen zwischen Venezianern und Türken, zumal da sich die Flotte des Doria während einer Schlechtwetterperiode in das venezianische Korfu zurückgezogen hatte. Am 22. Juli erkämpfte Doria einen Sieg über die türkische Flotte. Wenn auch formell noch kein Kriegszustand zwischen Venedig und der Türkei herrschte, so war doch bei dieser unsicheren Lage in der Adria ein Verkehr der Pilgerschiffe unmöglich gemacht. Erst als Korfu selbst von den Türken bedroht wurde, entschloß sich Venedig im September 1537 zu einem Bündnis mit dem Papst. Da zunächst noch die Spannungen zwischen dem Kaiser und der Republik zu überbrücken waren, wurde es Februar 1538, bis die Allianz zwischen den drei Mächten Papst—Kaiser—Venedig unterzeichnet wurde. Damit waren auch für dieses ganze Jahr die Verkehrsverbindungen mit dem Orient lahmgelegt. Schon die Zeitgenossen haben auf die auffallende Tatsache hingewiesen, daß während mehrerer Jahrzehnte nur ein einziges Mal, nämlich eben in jenen Jahren 1537/38, der Pilgerverkehr gänzlich unterbrochen war. — Am 25. Juli verließen die Gefährten Venedig, da die Aussicht auf eine Überfahrt in nächster Zeit sehr ungewiß wurde, und verteilten sich in kleinen, durch das Los bestimmten Gruppen auf das Festlandgebiet der Republik. Franz Xaver und Salmerón gingen nach Monselice, Codure und Hoces nach Treviso, Jay und Rodriguez nach Bassano, Broët und Bobadilla nach Verona. Ignatius und seine beiden im Text genannten Gefährten fanden eine Unterkunft in dem verfallenen und verlassenen Kloster San Pietro in Vivarolo, das ungefähr zwei Kilometer im Nordwesten vor Vicenza lag. Die Gefährten wollten sich in der Abgeschiedenheit während der nächsten drei Monate auf die Feier der ersten heiligen Messe vorbereiten.

95 Die zeitliche Aufeinanderfolge ist in diesem Abschnitt nicht ganz gewahrt. Der gegen Ende berichtete Besuch des Igna-

tius bei dem erkrankten Rodrigues in Bassano fällt noch in
den August. Nach Ignatius' Weggang wurde Rodrigues erneut krank, sein Gefährte Jay verständigte diesesmal die
nächstgelegene Gruppe in Treviso, von wo Hoces zur Pflege
des Kranken nach Bassano ging, während der nun allein
gelassene Codure sich Ignatius und seiner Gruppe anschloß
(vermutlich um den 7. September). — Wie auch sonst,
deutet Ignatius auch hier seine mystischen Erlebnisse nur
an, ohne sie eigentlich darzustellen. — Vor Abschluß der
ursprünglich vorgesehenen Zeit von drei Monaten, die die
Gefährten an den einzelnen Orten verbringen wollten, berief Ignatius sie nach Vicenza zusammen. Er war am 6. September in Venedig gewesen und hatte dort die weitere Entwicklung der politischen Verhältnisse erfahren, die jede
Aussicht, im Laufe des Jahres noch mit einer Fahrgelegenheit rechnen zu können, zunichte machten. Damit wurde
notwendig, daß man sich über die Pläne für die Winter-
monate schlüssig wurde. — In der Kapelle von Vivarolo
feierten die Neupriester — außer Ignatius und Rodrigues,
der die anfangs vorgesehene Vorbereitungszeit abwarten
wollte — ihre Primiz.

96 Ignatius war am 13. Oktober wieder in Venedig, um das
in Nr. 93 erwähnte Urteil in jenem Prozeß entgegenzunehmen. In dieser Jahreszeit konnte man, auch abgesehen von der politischen Lage, nicht mehr mit der
Möglichkeit einer Seereise rechnen. In diesem Sinne ist die
Anfangsbemerkung, daß ‚das Jahr vorbeigegangen' sei,
richtig, obwohl es erst Oktober war. Dabei bleibt allerdings noch die Frage offen, ob damit auch gleichzeitig gesagt sein soll, daß das eine Jahr, das die Gefährten in
ihrem Montmartregelübde als Wartezeit festgesetzt hatten,
schon vorbei sei. Die Antwort hängt davon ab, von wann
ab dieses eine Jahr zu rechnen ist: ob vom Tag der Ankunft
der Gefährten in Venedig an (Januar 1537), oder von dem
Tag an, da der Papst ihnen die Erlaubnis zur Palästinareise gegeben hatte (Ende April 1537), oder aber vom Beginn der Schiffahrt nach dem Orient an (Sommer 1537).
Alle drei Ansichten werden vertreten, ihre Gründe können
jedoch hier nicht gegeneinander abgewogen werden. — In
Vivarolo hatten die Gefährten beschlossen, die Winter-

monate zur Studentenseelsorge an den wichtigeren Universitäten von Nord- und Mittelitalien zu verwenden, und hatten auch für ihre bisher namenlose Gruppe eine vorläufige Bezeichnung gewählt: sie wollten sich ‚Compagnia di Gesù' nennen, ein Name, der auf Originalität keinen Anspruch erhob, da gerade in Vicenza damals eine ‚Compagnia del buon Gesù' und eine ‚Compagnia dei soldatelli di Gesù' bestanden. Mit dieser vorläufigen Bezeichnung war ein weiterer Schritt auf dem Weg zur eigentlichen Ordensgründung getan. — Der Bericht ist hier wie auch in den folgenden Abschnitten nur sehr summarisch und unvollständig, was aus der Zeitknappheit verständlich wird. Tatsächlich gingen nur Ignatius, Laynez und Favre Ende Oktober 1537 direkt nach Rom, während sich die übrigen Gefährten auf Padua, Ferrara, Bologna und Siena verteilten. Diese stießen erst nach Ostern 1538 in Rom wieder zu Ignatius und seinen beiden Begleitern. — Die Wartezeit bis zur Feier der Primiz verlängerte sich dann tatsächlich um weitere sechs Monate. Erst am Weihnachtstag 1538 feierte Ignatius in Santa Maria Maggiore am Krippenaltar sein erstes Meßopfer. Der Hauptgrund für diese auffallende Verzögerung dürfte der Wunsch des Heiligen gewesen sein, seine Primiz im Heiligen Land zu feiern. Dazu kamen während des ganzen Jahres 1538 verschiedene Angriffe gegen ihn und seine Gemeinschaft, die in Nr. 98 erwähnt werden. Die Abwehr und Verteidigung nahmen seine ganze Zeit und Kraft in Anspruch. — Daß Ignatius dieses Gebet der Vorbereitungszeit auf die Primiz, dessen Inhalt nur kurz angedeutet wird (im Original: mettere col suo Figliuolo), an Maria richtete, entspricht ganz dem, was er in seinen Geistlichen Übungen das ‚Dreifache Zwiegespräch' nennt. An den entscheidenden Stellen wird der Exerzitant angeleitet, seine Bitten Unserer Lieben Frau vorzutragen und durch sie ihrem Sohn, auf daß der Ewige Vater dem Bittenden durch ihre Fürsprache die Erfüllung gewähre. Diese Erfüllung wurde Ignatius in der Vision zuteil, über die der Text unmittelbar anschließend und genau mit denselben Worten berichtet. Nach einer wohlbegründeten Überlieferung ist dieses Ereignis in dem Kirchlein von La Storta, etwa zehn Kilometer im Norden von Rom an der Via

Cassia gelegen, geschehen. Über den Verlauf der Vision, über die im Bericht selbst durch den Hinweis auf Laynez angedeuteten Fragen nach weiteren, hier übergangenen Einzelheiten und vor allem über Sinn und Bedeutung jenes Tages von La Storta im Leben des Heiligen und für die Frühgeschichte des Jesuitenordens sei auf die entsprechenden Studien von H. Rahner verwiesen. Hier können nur die wesentlichen Ergebnisse zusammengefaßt werden. Es handelte sich um eine Erscheinung der zwei ersten göttlichen Personen. Ihr Inhalt war ein Anempfehlen durch den Vater in den Schutz des Sohnes; als dessen Wirkung wurde Ignatius in den Schutz des Sohnes aufgenommen, der als kreuztragender Heiland ihm erschien und zu ihm die Worte sprach: ‚Ego vobis Romae propitius ero' (Ich werde euch in Rom gnädig sein), wobei jedoch Ignatius noch im unklaren blieb, wie sich dieses Gnädigsein auswirken sollte. Laynes hat sein Wissen um diese Vision, das den Bericht des Ignatius ergänzt und von diesem als sachlich richtig anerkannt und damit autorisiert wurde, nach dem Tod des Heiligen in einer Unterweisung zusammengefaßt, deren Nachschrift noch erhalten ist: „Als wir auf der Straße von Siena her nach Rom unterwegs waren, geschah es, daß unser Vater viele geistliche Tröstungen erhielt ... Er sagte mir, es komme ihm vor, als habe ihm Gott diese folgenden Worte ins Herz geprägt: ‚Ego ero vobis Romae propitius.' Da unser Vater nicht wußte, was diese Worte bedeuten sollten, bemerkte er: ‚Ich weiß nicht, was mit uns geschehen wird, vielleicht werden wir in Rom gekreuzigt werden.' Dann, ein andermal, sagte er, es habe ihm geschienen, als ob er Christus mit dem Kreuz auf der Schulter sehe und daneben den Ewigen Vater, der zu Ihm sprach: ‚Ich will, daß Du diesen zu Deinem Diener annimmst.' Und so nahm Jesus ihn an und sprach: ‚Ich will, daß du uns dienest.' Infolgedessen faßte er eine so große Andacht zum Namen Jesus und wollte, daß die Gemeinschaft ‚Gesellschaft Jesu' genannt werde." Gerade aus dem, was Laynez an Neuem gegenüber dem Bericht des Ignatius bringt, wird deutlich, daß das Ereignis von La Storta nicht auf seine persönliche Sphäre als sein gleichsam privates Erlebnis beschränkt blieb, sondern zugleich eine wesentliche Bedeutung im Werden

185

der neuen Ordensgemeinschaft hatte. Wenn Ignatius selbst diese Seite der Vision einfachhin übergeht und für die weitere Ergänzung nur auf Laynez verweist, so können wir wohl die Erklärung für diese Unvollständigkeit darin sehen, daß Ignatius in seinem ganzen Bericht nur seinen persönlichen Weg, auf dem Gott ihn geführt hatte, darstellen wollte und nicht einen eigentlichen Beitrag zur Frühgeschichte des Ordens beabsichtigte.

97 Mitte November 1537 betraten Ignatius und seine zwei Begleiter die Ewige Stadt. Sie fanden in einem kleinen Landhaus am Hang des Pincio in der Nähe der Kirche Trinità dei Monti Unterkunft. — Die in diesem Abschnitt berichteten Einzelereignisse scheinen nach Art der Darstellung nicht auf den im Zusammenhang gegebenen Bericht des Heiligen zurückzuführen zu sein, sondern sind wohl eher aus anderweitigen Notizen von Pater Gonçalves an dieser Stelle aufgenommen worden. — Der hier genannte Magister Franziskus ist Franz Xaver.

98 Die Reise nach Monte Cassino und der Aufenthalt dort fallen in die Fastenzeit 1538. Über Dr. Ortiz vgl. das in der Erläuterung zu Nr. 77 Gesagte. Wie schon in Nr. 92 erwähnt, war Hoces der erste aus der Gemeinschaft, der starb. Der genaue Tag seines Todes ist nicht mehr festzustellen. — Franz Strada, ein Spanier aus der Gegend von Palencia, war 1536 nach Rom gekommen und trat dort durch Vermittlung von Dr. Ortiz in den Dienst des Kardinals Gian Pietro Carafa, der ihn jedoch zwei Jahre später mit anderen Spaniern entließ. Auf dem Weg nach Neapel, wo er in spanische Militärdienste eintreten wollte, traf er mit Ignatius zusammen, der ihn für den Dienst Gottes gewann. Er wurde später ein gefeierter Prediger und innerhalb des Ordens mit verschiedenen wichtigen Ämtern betraut. — Unter den ersten, denen Ignatius in Rom die Geistlichen Übungen gab, waren Lattanzio Tolomei aus Siena, Vertreter seiner Heimatstadt in Rom und Vetter des Kardinals Ghinucci, der bei der endgültigen Bestätigung des neuen Ordens durch den Papst maßgebend beteiligt war, und der Arzt Dr. Inigo López, der durch Jahre hindurch Hausarzt der Ordensgemeinschaft in Rom blieb. Außerdem ist noch der Kardinal Gasparo Contarini

aus Venedig zu nennen, der durch die Geistlichen Übungen Ignatius und seinen im Werden begriffenen Orden kennenlernte und dank seiner Stellung am päpstlichen Hofe den Heiligen vielfach und wirksam unterstützen konnte. — Mit dem hier genannten Miguel ist wohl Michael Landivar aus Navarra gemeint, ein Landsmann von Franz Xaver, mit dem er in Paris zusammen studiert hatte. Als Xaver sich Ignatius anschloß, war Landivar auf diesen so erzürnt, daß er ihm nach dem Leben trachtete. In Venedig traf Landivar wieder mit der Gruppe zusammen und wollte auch in ihre Gemeinschaft aufgenommen werden. Jedoch mußte er sich bald wieder von ihnen trennen und schrieb darauf am 12. September 1537 an Ignatius einen etwas emphatischen Reuebrief, in dem er alle Schuld auf sich nahm. Dieses noch erhaltene Schreiben war es wohl, das Ignatius dann zu seiner Entlastung dem Governatore vorlegte, als Landivar, um die Jahreswende 1537/38 gleichfalls nach Rom gekommen, dort verschiedene Anklagen gegen Ignatius und seine Gefährten verbreitete. Governatore von Rom war damals der Bischof Bernardino Conversini, dem Ignatius durch den schon genannten Kardinal Contarini bekannt war. — Die nun folgende Verfolgungsperiode überschneidet sich zwar zeitlich mit der Landivar-Affäre, hatte aber einen anderen Ausgangspunkt. Der Augustinermönch Agostino Mainardi hielt in der Fastenzeit 1538 in Rom eine Predigtreihe, in der er lutherische Anschauungen in der Darlegung der Gnadenlehre vertrat. Da private Aussprachen kein Ergebnis hatten, antworteten die Gefährten des Ignatius von den Kanzeln verschiedener Kirchen Roms auf die Predigten des Augustiners und stellten die Unvereinbarkeit seiner Behauptungen mit der kirchlichen Lehre fest. Mainardis Anhängerschaft, an der Spitze die im Text genannten Mudarra und Barreda und außerdem noch ein gewisser Pedro de Castilla, alle drei spanische Kleriker, die an der römischen Kurie einflußreiche Stellungen hatten, ging darauf zum Gegenangriff über und verdächtigte Ignatius und seine Gefährten der Häresie. In raffinierter Weise verstanden sie es, die öffentliche Meinung in der gewünschten Richtung zu lenken, ohne einen eigentlichen Prozeß anzustrengen, in dem sie die Last der Beweisführung gehabt hätten. Ignatius sah sich einer Mauer von Mißtrauen gegenüber und mußte, um sich nicht jegliche Arbeitsmöglichkeit zu verschließen, eine gerichtliche Klärung der Lage herbeizuführen suchen, was jedoch bei dem Einfluß der Gegner und bei der kaum greifbaren Weise, wie die Vorwürfe gegen ihn verbreitet wurden, auf große Schwierigkeiten stieß. Papst Paul III. selbst war in jenem Jahre am 23. März von Rom nach Nizza zu einem Treffen mit dem französischen König Franz I. abgereist, um diesen zu einem Friedensschluß mit dem Kaiser zu bewegen, und hatte als Legaten den Kardinal Gian Vicenzo Carafa bestellt, der die ganze Angelegenheit mit einer mündlichen Ehrenerklärung der Gegenpartei als erledigt abtun wollte. Am 24. Juli kam Paul III. nach Rom zurück, ging jedoch im August nach Frascati. Dort konnte Ignatius in einer zweistündigen Audienz Ende August vom Papst erreichen, daß die gegen ihn ausgestreuten Gerüchte offiziell untersucht würden. In einem ausführlichen Brief an Isabel Roser schildert er selbst den ganzen Hergang: „Ich berichtete Seiner Heiligkeit ganz offen, wie oft man in Spanien und in Paris einen Prozeß gegen mich angestrengt hatte; ferner daß ich mehrere Male in Alcalá und Salamanca inhaftiert wurde. Ich wollte damit erreichen, daß niemand anderer dem Papst etwas über mich berichten könne, was ich nicht selbst ihm erzählt hätte, und daß er eine genaue Untersuchung gegen uns anordne, um zu einem endgültigen Urteil über unsere Rechtgläubigkeit zu kommen. Schließlich bat ich Seine Heiligkeit dringend, zugleich im Namen meiner Gefährten: der Inhalt unserer Predigten und unsere Lebensweise möchten doch genauestens untersucht werden durch irgendeinen amtlichen Richter, den Seine Heiligkeit dafür bestellen möge; wenn man dabei etwas Schlechtes fände, wollten wir dafür gemaßregelt und bestraft werden; falls jedoch die Untersuchung ein gutes Ergebnis habe, möge Seine Heiligkeit uns seine Huld zuwenden." Die nun einsetzende amtliche Untersuchung nahm mehrere Monate in Anspruch. Gerade um diese Zeit waren die drei Inquisitoren, die sich in den früheren Jahren am meisten mit Ignatius zu beschäftigen hatten, nämlich Figueroa, Ory und de Dotti, gleichzeitig in Rom. Ignatius sah darin eine besondere Fügung der Vorsehung. Denn die drei

konnten aus genauer Kenntnis die Haltlosigkeit der gegen
Ignatius vorgebrachten Anklagen entkräften. So nimmt es
nicht wunder, daß das am 18. November 1538 ergehende
Urteil Ignatius und seine Gefährten vollständig rehabili-
tierte. Barreda starb kurze Zeit danach, während Mudarra
Jahre später mit der Inquisition in Konflikt geriet, aus
Rom fliehen mußte und sich von Florenz aus hilfesuchend
an Ignatius wandte, um durch dessen Fürsprache eine Mil-
derung der gegen ihn getroffenen Maßregeln zu erreichen.
Großzügig und ohne an die Vergangenheit zu denken, kam
Ignatius damals diesen Bitten nach. — Zum Schluß des Abschnittes werden noch kurz einige caritative Werke erwähnt, deren Gründung jedoch erst in die Zeit nach 1540
fällt. Das Katechumenenhaus war gedacht für Juden und
andere Nichtchristen, die den katholischen Glauben annehmen wollten. Der Erfolg entsprach den Bemühungen.
So wurde beispielsweise im Jahre 1544 ungefähr vierzig
Bewohnern des Hauses die Taufe gespendet. Das Martha-
haus, begonnen mit tatkräftiger Unterstützung durch einige
vornehme Damen der römischen Gesellschaft, darunter die
Tochter Kaiser Karls V., Margarita de Austria, und Vittoria
Colonna, war ein Versuch, die im damaligen Rom ungemein
verbreitete Prostitution einzudämmen. Zur finanziellen
Sicherung des Unternehmens konnte Ignatius in jahre-
langem Bemühen die vornehmsten Familien Roms gewinnen. Drei Jahre nach der Gründung zählte das Haus
schon hundert Insassen. Das Waisenhaus wurde 1546 begonnen. All diese Werke wurden vorbildlich für viele andere italienische Städte, wo die Patres des Ordens ähnliche
Werke ins Leben riefen.

99 Diese Fragen stellte Patres Gonçalves drei Tage vor seiner
Abreise nach Portugal. Er sah mit Recht in diesen beiden
Büchern den eigentlichen schriftlichen Niederschlag des
Lebenswerkes seines Vaters Ignatius und durfte aus einer
näheren Kenntnis ihres Werdens ein tieferes Verständnis
für ihren Inhalt erwarten. — Das Linienschema zur Gewissenserforschung findet sich in den Weisungen, die der
sogenannten ‚Ersten Woche‘ der Geistlichen Übungen vorausgehen. Die Bemerkung über die Wahlbetrachtungen

verweist auf das in Nr. 7—9 Berichtete. — Daß Christus unter dem Bild der Sonne Ignatius erschien, wurde bereits in Nr. 29 mitgeteilt.

100 Ein kleiner Teil dieser Aufzeichnungen, vom 2. Februar 1544 bis zum 27. Februar 1545 reichend, ist noch erhalten. Den Hauptteil dieses Restbestandes bilden die Notizen aus jenen vierzig Tagen, in denen Ignatius um Klarheit in der im Text angeführten Armutsfrage betete. Die Erwägungen über diesen einen Punkt des Armutsrechtes des Ordens, ob nämlich die den Profeßhäusern angeschlossenen Kirchen nicht doch für ihre Erhaltung feste Einkünfte haben sollten (für die Kirche an Kollegien bestand dieses Problem nicht, da diese ausreichenden Besitz haben müssen), dauerten vom 2. Februar bis zum 12. März. Als Ergebnis der Überlegungen nahm Ignatius den völligen Verzicht in die Konstitutionen des Ordens auf.

101 Die Konstitutionen, die eigentliche Verfassungsurkunde des Jesuitenordens, sind das Werk eines mehr als zehn Jahre dauernden Betens, Studierens und Sichberatens. Dieses Gesetzbuch des Ordens erhielt in der Folgezeit für die späteren Ordensgründungen und für die Entwicklung des Ordensrechtes im allgemeinen eine Bedeutung, die nur mit der tausend Jahre zuvor verfaßten Regel des heiligen Benedikt zu vergleichen ist.

Ignatius von Loyola

Geistliche Übungen

Übertragung und Erklärung von Adolf Haas
Mit einem Vorwort von Karl Rahner

Die „Geistlichen Übungen" zählen seit 400 Jahren zu den
wenigen fundamentalen geistlichen Texten des Christenums.
In dieser Neuausgabe wird der Sinn der ignatianischen Exerzitien in neuer Weise für den heutigen Menschen als Ein-
übung der personalen Begegnung mit Christus erschlossen.
Die fordernde und zugleich verstehende Stimme des Vaters
Ignatius, die zunächst wie fremd erscheinen mag, gewinnt in
dem Maße, als man sich auf seinen Weg einläßt, an Gewicht,
an Überzeugungskraft und Unersetzlichkeit. Das Leben, vom
Alltag zerrissen, von Angst bedroht, von Schuld belastet,
von Gleichgültigkeit gelähmt — in die Gegenwart und Unmittelbarkeit Gottes gestellt, erhält es Fundament und Richtung, Hoffnung und Sinn.

Die Neuausgabe bietet eine zuverlässige, auf größte Nähe
zum Urtext bedachte Übersetzung.

4. Auflage, 192 Seiten, kart. laminiert, ISBN 3-451-17231-3

Herder Freiburg · Basel · Wien